L'acteur européen Jean-Pascal Delamuraz

De l'usage d'une Suisse rétive mais pas chétive

P.I.E. Peter Lang

Bruxelles · Bern · Berlin · Frankfurt am Main · New York · Oxford · Wien

Daniel MARGOT

L'acteur européen Jean-Pascal Delamuraz

De l'usage d'une Suisse rétive mais pas chétive

Collection « Mémoires de l'Europe en devenir »
n° 1

À l'occasion du Salon Concours littéraire national suisse 2009, Daniel Margot s'est vu décerner par l'Académie européenne des Arts le Diplôme de Prix de la biographie européenne pour le présent ouvrage.

Crédit photographique : Armand Vitali ©

Photographie de couverture : ASL, archives cantonales vaudoises.

Éditions scientifiques internationales
Bruxelles, 2009
1 avenue Maurice, B-1050 Bruxelles, Belgique
www.peterlang.com ; info@peterlang.com

ISSN 2032-5843
ISBN 978-90-5201-587-3
D/2009/5678/75

Information bibliographique publiée par « Die Deutsche Nationalbibliothek »
« Die Deutsche Nationalbibliothek » répertorie cette publication dans la « Deutsche Nationalbibliografie » ; les données bibliographiques détaillées sont disponibles sur le site http://dnb.d-nb.de.

Remerciements

Nous voulons ici remercier les personnes et les institutions qui nous ont généreusement prêté leur concours

La Bibliothèque (fédérale) « Am Guisanplatz » et son directeur **Jürg Stussi-Lauterburg**, qui ont enrichi nos archives et vérifié notre acquis historique personnel

Le Bureau de l'intégration du DFAE et du DFE, pour son information objective

Jean-Paul Chapuis, qui fut le témoin et la mémoire de l'action du jeune JPD à la tête de l'Association générale des étudiants de Lausanne

François Couchepin, qui a rafraîchi notre mémoire et nous a judicieusement incité à valoriser la responsabilité du collège gouvernemental au cours de cette période

Blaise Fontanellaz, qui nous a fait bénéficier de ses connaissances en informatique et de sa sensibilité de jeune étudiant en sciences politiques

Jean-François Maire, qui nous a rappelé les attentes du lecteur et ramené à plus de soin didactique

Réane Margot qui, jusqu'à la délivrance, nous a offert un fidèle encouragement tout au long d'un enfantement parfois turbulent

La Fondation Jean Monnet, qui a mis sa documentation à disposition

Fabrizio Sabelli, qui, entre l'écriture d'un roman, le dessin de quelques scénographies et son enseignement de par le monde, a trouvé le temps de nous dire que la Suisse n'a encore rien raté, et donc de rappeler les visionnaires.

Bénédict de Tscharner, qui nous a évité les écueils des méandres chronologiques

Armand Vitali, sans qui l'éditeur aurait été privé d'un manuscrit « WordPerfect » dans les délais prévus et sans qui cet ouvrage n'aurait simplement pas pu être accompli

Bernard Wicht, qui a su nous rappeler les vertus de la résilience démocratique suisse, parmi d'autres au sein de l'UE

Aux témoins, des plus anciens aux plus jeunes, qui ont bien voulu ajouter à cet ouvrage une conclusion à la fois humaine et politique

À tous ceux, enfin, collègues et confrères qui, d'une manière ou d'une autre, nous ont soutenu dans nos recherches.

À mes petits-enfants, futurs citoyennes et citoyen

Avant-propos

« Mémoire d'Europe » est une association sans but lucratif qui a été créée récemment à Bruxelles pour répondre à la prise de conscience du rôle essentiel que joue la mémoire historique dans l'édification d'une communauté humaine. Celle-ci doit dès lors se manifester pour donner aux citoyens européens une meilleure compréhension des valeurs qui se développent dans le processus de la construction européenne. L'Association agit en suscitant à travers toute l'Europe la publication d'ouvrages consacrés à la biographie de personnalités, au déroulement d'événements et à l'histoire d'institutions et d'associations qui ont joué un rôle particulier dans le proche devenir de l'Europe.

C'est dans ce but qu'a été lancée, en coopération avec les éditions internationales PIE Peter Lang, la collection « Mémoires de l'Europe en devenir » dans laquelle est publié le présent ouvrage. Il représente une des toutes premières contributions de l'immense travail entrepris, en dressant le portrait, traçant l'itinéraire et démontrant l'influence d'une personnalité politique suisse qui a joué un rôle marquant dans cette grande aventure. Notre association est très reconnaissante à Daniel Margot pour le travail de recherche et d'écriture accompli.

En tant que vieil ami de Jean-Pascal Delamuraz, je suis particulièrement heureux de l'honorer ainsi dans mon pays d'origine, en sa qualité d'« acteur européen ».

Gabriel Fragnière
Président de « Mémoire d'Europe »
Bruxelles, 19.11.2009

Préface

« Il y a une certaine contradiction entre notre conviction (…) que le sort de notre pays est lié à celui de l'Europe et l'attitude passive ou négative que nous adoptons vis-à-vis de l'intégration ». Quand ces propos sont tenus devant les représentants diplomatiques de la Suisse à l'étranger, Jean-Pascal Delamuraz a 21 ans. Il est en mesure de juger sur pièces la pertinence de cette constatation tombée de la bouche de Max Petitpierre, chef du Département politique (Affaires étrangères) depuis la fin de la Seconde Guerre mondiale et pour quatre années encore.

Ces paroles sont prononcées alors que la grande zone de libre-échange est âprement négociée entre les membres de l'Organisation européenne de coopération économique. Berne croit tenir sa pierre philosophale. Le commerce extérieur helvétique n'est pas touché dans son principe d'universalité ; l'accord est vierge de toute finalité politique ; la neutralité est sauve. Moscou, qui fronce les sourcils quand dame Helvétie flirte trop ouvertement avec l'Occident, n'aura rien à objecter. Mais, patatras ! Fondateurs de la CEE, les Six signent puis ratifient le traité de Rome. L'Europe est scindée en deux camps. Loin d'être enchantés par le retour au pouvoir de Charles de Gaulle, les Suisses comptent néanmoins sur son opposition passée au « monstre » de la communauté européenne de défense pour ralentir, sinon stopper, la réalisation du marché commun. Déception : la France honorera sa signature. Plus tard, quand elle en aura fini avec ses soucis algériens, elle mettra les pieds contre le mur de la supranationalité. De Gaulle régnant, elle claquera la porte de la CEE au nez du Royaume-Uni.

Les ardeurs européennes des jeunes Suisses sont douchées par ce brutal tournant. L'establishment bancaire et industriel relève, lui, la tête. Le poussin des Alpes se réfugie sous l'aile de la City. Vite fait, la diplomatie économique bricole une Association de libre-échange. Présentée comme un pont vers l'Europe des « doctrinaires », elle se voudrait, en fait, un brûlot. Elle ne le deviendra à aucun moment. À l'intérieur du pays, les vestes se retournent. De fervents « Européens » brûlent ce qu'ils ont adoré et fulminent contre les Six dans leur ensemble et la France en particulier. Le professeur Henri Rieben, proche de Jean Monnet, est soudain traité en hérétique et ses disciples qualifiés de naïfs. Parmi eux, un certain Jean-Pascal Delamuraz. Pour lui *les Suisses ne peuvent pas rester les derniers insulaires de l'Europe* comme le déplore encore le même Max Petitpierre, lucide, un brin désabusé, impuissant à convaincre ses collègues du Conseil fédéral. Le commerce se porte bien et une équipe de négociateurs de haute volée creuse les conduits qui aboutiront en 1972 à l'accord de libre-échange avec la Communauté européenne. La preuve, fait-on croire, est administrée que la Suisse n'est pas « en dehors du circuit ». Matériellement satisfaite, placide, elle est telle que Charles-Ferdinand Ramuz la décrit sans la nommer : *Il y a des (petits) pays qui sont extraordinairement privés d'événements. L'étonnant est de voir que, loin de se plaindre de cet état de choses, ils s'en félicitent.* C'est avoir une conception bovine de l'existence que d'imaginer satisfaire une jeunesse en l'enfermant dans un palace pour assister du balcon au beau spectacle de l'affermissement de la démocratie sur la rive droite du Rhin, du relèvement de la France allégée de ses colonies et, plus encore, de la réconciliation de ces deux voisins géographiques et culturels.

Jean-Pascal Delamuraz n'a rien d'un contemplatif. Cette aboulie au plus haut niveau le met à cran. Quand, plus tard, il sera « aux affaires », il puisera dans le chaudron de cet épisode la force de secouer les ensommeillés et les béats. À la tête du Département militaire, il est pleinement conscient de la nécessité d'un adossement au colosse étasunien. À l'Économie, il n'ignore pas la montée en puissance des marchés asiatiques et latino-américains. Ces nouvelles données, cependant, n'effacent pas à ses yeux des réalités plus immédiates : la Suisse est au cœur de l'Europe, elle ne peut s'en abstraire et, moins encore, s'en faire une ennemie. Le cosmopolitisme en ce qu'il a d'accommodement indifférent n'est pas un trait de sa personnalité. Il est Vaudois et, par là, Suisse ; il est de langue et de culture françaises ; il est donc consubstantiellement Européen. Ce qu'il recherche à travers l'Espace économique européen n'est pas uniquement un arrangement permettant d'être matériellement « dans le coup ». Pour preuve, il choisit le Gothard et non la prairie mythique du Gruetli pour s'adresser un jour de Fête fédérale au peuple des Confédérés. Par là, il affirme une conviction profonde : la Suisse est le nœud qui lie le nord au sud, l'est à l'ouest, le monde latin au monde germanique. Impossible pour elle de se mettre aux abonnés absents de l'Europe en voie d'édification.

Prévenir le glissement vers le mol abandon, donner du tonus à un peuple qui préfère les tribunes au terrain, agir assez tôt pour ne pas subir plus tard : c'est le parcours d'un politicien hors normes, suivi et expliqué ici par Daniel Margot, journaliste, correspondant de *La Gazette de Lausanne* dans la Ville fédérale puis collaborateur personnel de Jean-Pascal Delamuraz. C'est, aussi, une tranche de l'histoire d'un petit pays que la peur de l'événement a jeté dans les bras du national-populisme. Dix ans après la mort de JPD, l'histoire, coutumière des pieds de nez, donnait raison à une prémonition qu'il est bon de rappeler à temps et à contretemps. Qu'avait-il, en effet, déclaré peu après le « dimanche noir » de décembre 1992 ? Ceci : *Faudra-t-il à notre pays « la preuve par l'acte », c'est-à-dire une crise économico-sociale prolongée ?... Il m'arrive de me demander si le poids des inerties nées de routines, du pragmatisme absolu et de la supériorité ne nous condamne pas à devoir passer par cette calamiteuse condition.* Personne ne se réjouira qu'il ait eu raison trop tôt. Ce que la crise fait endurer à une Suisse isolée parce qu'elle l'a voulu, malmenée parce que mal menée peut-être, donne, bien tardivement, raison au capitaine qui discernait la menace du grain et voulait équiper son bateau en conséquence.

François Gross

Introduction

Témoignage de proximité et tentative d'essai, cet ouvrage présente à la fois un acteur suisse de la scène européenne ayant personnellement contribué à la part suisse dans l'histoire de la nouvelle Europe, et l'environnement humain, diplomatique, politique et institutionnel de sa fervente action. En l'occurrence, et pour donner une image aussi significative et serrée que possible du personnage à l'œuvre, il a fallu modérer notre ambition en la limitant à une période emblématique de son mandat ministériel, c'est-à-dire en vue d'une adhésion – manquée – à l'EEE puis d'accords bilatéraux sectoriels évitant à son pays de se trouver marginalisé, prématurément écarté de l'aventure européenne. C'est l'action du personnage central dans le contexte d'institutions particulières qui fait l'objet de ce livre, non la succession chronologique des choix politiques et des démarches diplomatiques, affaire des archivistes et des historiens. Au risque d'être incomplet, nous nous sommes efforcés d'apporter au moins un témoignage « connaissable ».

Nous ne pouvions en outre ne pas tenter d'évoquer et même d'invoquer le « cas particulier » de la Suisse, ses composantes et ses fondements, – un cheminement qui n'est pas sans rappeler celui du processus d'intégration européenne – bref son propre acquis historique et politique. Acquis ou handicap ? C'est selon qu'on regarde en avant ou en arrière. La démonstration valait quelques « retours sur images », outre quelques références ciblées à l'actualité.

Après l'esquisse d'une réponse précautionneuse à la question – complexe et délicate – de savoir si JPD aura marqué l'histoire suisse et comment il l'aurait marquée, il fallait envisager puis apprécier les perspectives selon les circonstances présentes et parfois mouvantes, notamment les chances d'une adhésion, sur mesure ou non, au cours de la décennie à venir... ou les vertus d'un statut *sui generis*. Sans oublier les paramètres et les nouveaux arguments pouvant en découler.

Nous nous sommes fixé aussi pour objectif de rendre la vieille Helvétie et sa « Willensnation » plus familières et mieux comprises dans leur réalité postmoderne, ainsi qu'à travers le prisme de leur problématique européenne et d'une « grâce » disponible. Si cette initiation sommaire à l'usage de la Suisse actuelle n'étonnera guère les lecteurs locaux initiés, elle dévoile quelques mystères ou révèlent quelques inconnues pour les autres en ce qui concerne un pays rarement sur le devant de la scène internationale, ou alors malgré lui.

CHAPITRE I

Confédération helvétique : un acquis particulier, mais pas unique

Votre histoire, Confédérés, n'est pas là
pour vous procurer d'agréables loisirs,
mais pour vous réveiller et vous rappeler
ce que vous avez été, ce que vous êtes,
ce que vous devez être
Johannes von Müller, au 18e siècle

Nous ne connaissons rien qui n'évolue pas,
il est moins difficile de se repérer
par rapport à l'avenir
que par rapport au passé
Louis Armand, deux siècles plus tard

Spécificité suisse, un casier historique très chargé

Sans pour autant se donner en spectacle, on pourrait commencer par emprunter quelques célèbres répliques à la Comédie historique :

Victor Hugo, à la cantonade
– *La Suisse, dans l'histoire, aura le dernier mot...*

Denis de Rougemont, un bon siècle plus tard
– ... *Encore faudrait-il qu'elle le dise !*

Un Conseiller fédéral, en aparté
– ... *et qu'elle soit encore entendue.*

Artifice littéraire ? C'est le défaut de citations rapprochées. Sans dénouement en vue ? Discutable. Il n'y a pas de quoi badiner puisqu'il s'agit, à l'exclusion de tout folklore politique, de bien considérer ce qui peut nourrir une sagesse populaire rarement en défaut d'une part, et comprendre ce qui peut motiver ceux qui sont censés incarner l'élite politique d'autre part. Les enjeux sont graves dès lors qu'ils mettent en cause des institutions longuement éprouvées, comme aussi le devenir d'un pays.

Revenons donc à une réalité moins déclamatoire. Voyons en premier lieu, avant d'aborder sa carrière, les robustes conditions historiques, politiques et institutionnelles qui furent celles de l'action de Jean-Pascal Delamuraz, comme de tous ceux qui l'ont précédé dans sa fonction gouvernementale. Quitte à simplifier les choses, ce chapitre Ier voudrait aussi suggérer qu'à quelques fortes nuances près, l'histoire et le fonctionnement des institutions helvétiques annoncent les joies, les espérances, les difficultés voire les errements de la construction européenne elle-même. Il devrait également aider à s'expliquer les comportements tergiversants de la Confédération face au processus d'intégration européenne – d'une forte résilience démocratique à l'adhésion, en passant par l'inertie méfiante, la peur du risque collectif, une capacité décisionnelle inégale.

L'analogie des cheminements historiques de la Suisse et de l'Europe est loin d'être parfaite ; elle n'offre aucune amorce de règle. Il n'en demeure pas moins que, même si elle n'est qu'une vieille démocratie parmi d'autres et ne fut pas un véritable État avant 1848, la Suisse a d'intéressants antécédents à faire valoir, comme d'ailleurs les US. Elle est même en mesure de fournir les extraits d'un casier événementiel très chargé en expériences de république, ligue, confédération, État fédératif et autres élargissements plutôt concluants. De l'alliance de trois Cantons en 1291, elle s'est progressivement agrandie jusqu'en 1815 puis encore en 1974 (naissance du canton du Jura), au gré d'idées neuves, de scènes de ménage ou de querelles de voisinage, de traités sans précédents, de convenants renouvelés, de succès grisants, de hauts faits violents, voire d'expansions discordantes. Le tout, non sans de fortes influences extérieures et de grands chambardements intérieurs. De quoi accumuler une somme considérable de décisions du tribunal de l'Histoire en matière d'intégration et de fédération. Généreuse source de débats jurisprudentiels pour qui voudrait, à Bruxelles, s'éviter trop de désillusions, de faux pas ou d'atteintes à la souveraineté populaire. Car *les sagesses de l'UE sont celles de la Suisse*, affirme le manifeste du « Club Helvétique » (voir Annexe).

Pour autant, pas de quoi poser la Suisse en modèle bétonné forcément exportable, même si son système démocratique aurait de quoi enrichir le patrimoine immatériel de l'UNESCO en raison de sa seule capacité fédératrice. Ce pays mérite certes d'avoir été un « laboratoire » des institutions démocratiques, mais il est aussi suspect de n'avoir ensuite pas raisonnablement maîtrisé l'extension des prérogatives populaires. Et puis, l'Europe est elle aussi en droit d'avoir un système et un mode de fonctionnement *sui generis*, même si les paramètres ne sont pas identiques. Car la Suisse ne s'est pas faite comme aujourd'hui l'Europe. *Cette république n'était pas l'œuvre d'une combinaison politique,* écrivit l'historien John Foster Kirk, (...) *elle n'était pas fondée sur des principes habilement équilibrés, elle n'était pas sauvegardée par des garanties habilement échafaudées*[1] (c'est l'avis d'un observateur anglais du 19e siècle sur une Confédération de huit cantons). Sans réfuter l'enchaînement causal dans l'Histoire, on doit donc se méfier d'une démarche empiriste ne visant qu'à tirer des leçons de l'écheveau historique de *multiples contingences entremêlées*, ou d'autres rapprochements *entre des faits que séparent les siècles*[2].

En 2008, à l'heure où cet ouvrage de mémoire est en voie de réalisation, l'UE vient de perdre l'un de ses plus ardents acteurs, tenace quoique modéré, Bronislaw Geremek, député européen et Président en charge de la Fondation Jean Monnet. *Je suis impatient de voir la Suisse adhérer à l'UE*, déclarait l'ancien ministre polonais quelques semaines auparavant à Dorigny, siège de ladite Fondation, en ouvrant un débat sur le thème des régions, *facteur d'unité ou de décomposition de l'Europe*. Mais c'était pour ajouter aussitôt : *Je comprends les raisons de ce blocage*. Après Geremek, l'ancien président du gouvernement jurassien Jean-Pierre Beuret devait conclure ces déclarations liminaires en déplorant ouvertement la *frilosité de ses concitoyens et de leurs corps constitués*.

La disparition brutale du président Geremek est suivie d'un second coup dur pour l'Europe, prévisible celui-ci, le « non » catégorique des Irlandais au traité de Lisbonne. Ce n'est certes l'avis que de quelque 400 000 électeurs sur environ 350 millions d'Européens, mais le signal est pris au sérieux. C'est celui de la seule nation jusqu'ici appelée à se prononcer à ce sujet, et dont les leaders voudraient qu'on suive désormais sa voie démocratique ; la première aussi à manifester implicitement son opposition à l'idée même d'une armée européenne, très attachée qu'elle est à sa neutralité. Pas inintéressant pour Berne, d'autant moins que l'Irlande fut l'un des premiers États à adhérer à la nouvelle CE. La démocratie a son prix ! On l'a vu lorsque les Danois refusèrent le traité de Maastricht et lorsque Français et Hollandais firent opposition à la Constitution européenne. On attendait avec impatience le second vote des Irlandais sur le traité de Lisbonne. *Les masques sont donc tombés*, constatait un chroniqueur à propos du « no » irlandais ; *les variantes du vote populaire servent de frein ou d'accélérateur dans la politique européenne*. Début octobre 2009, les Irlandais ont ratifié le Traité de Lisbonne. L'UE n'est plus l'« otage » de l'« État libre » de l'archipel britannique. Forte de sa nouvelle constitution, Bruxelles est désormais en mesure de nous contraindre patiemment à choisir l'adhésion ou un

[1] John Foster Kirk, *Histoire de Charles le Téméraire*, Paris, A. Lacroix, 1866.

[2] Ph. Braud, *Science politique*, Paris, PUF, col. « Que sais-je ? ».

large accord-cadre, soit de dissuader Berne de persister dans la recherche d'un arrangement sur mesure, ou dans la voie d'un bilatéralisme trop « courtois » pour être contrôlable.

La grimace suisse vaut celle des autres

Dans le tableau continental, la récalcitrance helvétique ne fait pas tache, alors même que la Suisse demeure hors de l'UE, encore à l'abri de coups directs si ce n'est de toutes retombées indésirables. Le peuple suisse ne peut lui-même ignorer les doutes qui animent des millions de citoyens en Europe : s'il n'est pas bon d'être sage tout seul, il serait encore plus imprudent de ne pas reconnaître la sagesse des autres, quand bien même elle serait minoritaire.

Il est vrai que la Confédération ne s'est jamais mise en avant dans le processus actuel d'intégration européenne ; elle fut même assez avisée pour se défier très tôt d'institutions encore pauvres en structures démocratiques, d'un pouvoir qui n'était pas aussi partagé qu'il l'est aujourd'hui. À la veille des élections de 2009, l'Europe ne paraissait de surcroît pas être en mesure d'inspirer un sentiment de véritable protection chez ses membres. Le faible taux de participation à ces élections ne traduit aucune amélioration à cet égard. On admet à Bruxelles que 5 % des Européens voudraient quitter l'UE. Si ce n'est qu'un état des choses, c'est peu ; si c'est le début d'un phénomène de désertion, il n'est pas secondaire. Le fait est que le sentiment d'appartenance à l'Europe n'a jamais été si bas, à droite plus qu'à gauche. Selon l'eurobaromètre, le soutien des citoyens à l'appartenance de leurs pays à l'UE décline visiblement : 48 % pour la France, 39 % en Italie, 30 % en Grande-Bretagne. Le bilan n'est pas exaltant. Il ne s'est pas amélioré avec les dernières élections. Mais cela ne diminue pas la disponibilité des Islandais ni n'a découragé les Irlandais. À Bucarest, on se plaint que l'euroscepticisme soit un choix de riches. La mosaïque helvétique ne permet pas ce genre de découpage : une même opinion peut y avoir des motivations très différentes et même contradictoires selon qu'on est Suisses alémaniques, Romands ou du sud du Gothard, selon que l'on est de la ville ou de la campagne, d'une vallée profonde ou d'un plateau ouvert, du nord ou du sud du Jura, membre de l'élite politique ou non. Et nous en passons (voir, après chapitre II : *Questions à Jean-Pascal*, de Fabrizio Sabelli).

La *grimace suisse* vaut bien celle des autres[3]. Les réticences sont intraeuropéennes sitôt que les desseins et options de Bruxelles ont pour effet de révéler les particularités nationales et régionales de ses États

[3] Fr. Garçon, *Le modèle suisse : Pourquoi ils s'en sortent beaucoup mieux que les autres*, Paris, Perrin, 2009.

membres, quand ils ne font pas que les réveiller. Les particularismes préexistent et ne demandent qu'à se faire valoir ; on peut imaginer qu'ils ne feront que gagner en force ravivée. Cela se vérifiera au fur et à mesure des atteintes successives que l'architecture géopolitique de la construction européenne portera à la souveraineté des États, de leurs composantes et de leurs institutions. Des amendements seront exigés, mais les contusions s'annoncent inévitables. Qui a dit que *le phénomène national a nourri les racines de la spécificité européenne ?* On ne demande qu'à le croire et souhaite que ce soit encore le cas. Cela ne veut toujours pas dire que le phénomène régional n'abreuve plus les racines de la spécificité nationale. On sait aussi que toute vision monothématique du monde est elle-même erronée, car simpliste, aussi simplificatrice que celle qui consiste à ne voir en l'UE qu'une « organisation internationale » ou un « super État ».

Si cette allergie rémanente à l'européanisation ne faisait que refléter quelques anciens problèmes factuels, le mal serait moindre. Les États touchés, notamment ceux, dont la Suisse, en voie de développement européen, pourraient s'en charger en toute autarcie. Ils seraient en mesure de les résoudre en donnant du temps au temps ; dans le meilleur des cas, le temps que ces problèmes trouvent leurs solutions dans la foulée européenne, ou alors par un effet de choc, par leur sublimation éventuelle, soit leur dépassement historique ou, plus simplement, leur vieillissement. Mais gare : le risque d'une fuite en avant n'est pas à exclure.

Au long terme et les problèmes d'intégration s'ajoutant à des problèmes nationaux non résolus, le processus de réalisation exerce des effets en profondeur et en ramification. Aucune planification de ces atteintes aux souverainetés nationales ne suffirait à rassurer. Pas toujours prévisibles, les rénitences et les fêlures s'enchaînent suivant les ambitions de l'UE, les aléas politiques, les handicaps institutionnels mais également les sensibilités de ces États, qu'ils soient candidats ou déjà adhérents. En symbiose ou non avec leurs nations respectives, des gouvernements sont encore hésitants ou le deviennent. C'est selon qu'il s'agirait pour eux d'accéder à une économie plus prospère par un nouveau départ, ou d'adapter d'abord un système judiciaire ou fiscal, éventuellement de palier à une inaptitude diplomatique passagère. Il est des peuples qui voudraient aussi mieux prendre en compte des oppositions internes, par exemple à la légalisation de l'avortement, à la perspective d'une conscription militaire européenne ou encore à d'éventuels transferts de compétences dans les secteurs social, financier ou écologique sensibles. (Ces peuples ne savent pas toujours que leurs propres gouvernements participent parfois à contrecœur aux décisions dont ils se plaignent, révélant et nourrissant ainsi un « eurocratisme » sans visage). La liste est longue enfin de toutes sortes de syndromes surprenants et mal élucidés qui aggravent l'inégalité des conditions initiales et modulent les émotivités populaires. En ce qui concerne la petite Confédération suisse, des politologues ont même évoqué le « syndrome de Liliput », une *attitude à éviter*, conseillent-ils. Il suffit d'une crise mondiale ou d'une vaine querelle bilatérale pour rappeler cependant notre dimension de nain politique. Mais on se risque à parler encore d'un « grand petit État », eu égard à son rang dans l'économie mondiale, c'est-à-dire à sa robuste capacité de créer des richesses, à l'exclusion de tout chaos social. Le « Forum économique mondial » ne vient-il pas de qualifier l'économie suisse *la plus compétitive au monde, caractérisée par une grande capacité d'innovation et une culture des affaires très sophistiquées ?*

L'accident irlandais eut aussi pour répercussion primaire d'alourdir un peu le scrupule de nos autorités à invoquer toujours, pour leur défense, le *Sonderfall*[4] helvétique. L'opinion publique suisse elle-même commence à comprendre qu'il y a en Europe d'autres respectables cas spéciaux. C'est aussi positif que de découvrir, à force d'avoir à le justifier, que notre statut interne n'est pas qu'un handicap mais également un acquis national en forme de patrimoine historique et institutionnel. Un acquis singulier à transmettre, donc à négocier si l'on veut aboutir à une fédération sans antinomies négatives. De découverte en découverte, on finira sans doute par reconnaître les traditions des autres ; on se rendra compte qu'elles peuvent elles aussi se fédérer, sans forcément le devoir. Où l'on comprendra donc qu'il n'y a pas lieu de mondialiser ou d'européaniser ce qui peut rester national ou régional. Tout *modus vivendi*, par exemple, ne gagne pas forcément à être partagé, sans vouloir pour autant vivre à Rome comme un Japonais. *Pourquoi la vocation de la France serait-elle celle de ses voisins ?*, fulminait de Gaulle en souhaitant *bonne chance à cette Fédération sans fédérateur*[5]. Dans son ouvrage « L'Europe contre l'Europe », le Français Olivier Ferrand, ancien conseiller de Lionel Jospin, admet cependant que « l'Europe confédérale » d'aujourd'hui est conforme au plan du Général, au risque même, estime-t-il, d'aboutir à une Europe *diluée dans une grande Suisse*[6].

Les fronts intérieurs ne se parlent plus guère

La Suisse a sa spécificité. Elle découle de sa décentralisation fédéraliste – un don de sa géographie et, selon Denis de Rougemont,

---

4 On peut traduire par « cas particulier », ou, plus positivement, « singularité ».

5 André Malraux, *La corde et les souris*, Paris, Gallimard, 1976.

6 Olivier Ferrand, *L'Europe contre l'Europe*, Paris, Hachette, 2009.

l'expression d'un certain *amour de la complexité* –, de sa politique de neutralité, de sa personnalité ultra-républicaine et indépendante, soit une démocratie référendaire renforcée du précieux caractère milicien de ses parlements, celui aussi d'une armée issue du *dynamisme d'un peuple opposé à celui de la puissance matérielle, de la technique et du professionnalisme militaire*[7]. Découlant de l'attachement à ces paramètres historiques et fondamentaux s'ajoute aujourd'hui, impossible à négocier et moins encore à chiffrer, la crainte qu'a la Suisse de se trouver un jour comme dénaturée, diluée ou même noyée dans une entité européenne aux contours aussi incertains que son identité politique, ses compétences internes, sa position sur l'échiquier international : l'« entité » continentale est tout de même loin d'être scellée et corroborée.

Soluble, la Suisse ? Cela paraîtrait contradictoire avec son inentamable esprit de résistance et de *Willensnation* (nation par volonté). Quant à son éclatement, il n'est pas pour demain. Elle en a vu d'autres au 18e siècle. Difficile d'imaginer une nation si solidement nouée se laisser opprimer par quelque institution supranationale que ce soit. De surcroît, on n'a jusqu'ici pas douté de sa capacité matérielle d'intégration. *Les objections politiques* (...), répétait pour sa part l'historien suisse Georges-André Chevallaz, prédécesseur au Conseil fédéral de J.-P. Delamuraz (JPD), *touchent à l'essence, pour ne pas dire à la raison d'être du pays. C'est-à-dire à ce contrepoint consciemment marqué, (...) en différence à l'évolution, aux structures et au climat politique des nations européennes*[8]. Les commissaires européens ont déjà pu s'en rendre compte. Et pourtant, ces objections n'ont pas retenu la Confédération de coopérer avec l'OECE (Organisation européenne de coopération économique), *l'embryon de l'intégration européenne* selon l'ancien ambassadeur François Nordmann, puis, en 1972 par le biais de l'AELE (Association européenne de libre échange), d'adhérer à la CEE par un traité de libre-échange avec ses États membres (72,5 % de oui en votation populaire). Nous ne sommes pas non plus inactifs au sein de la Conférence pour la sécurité et la coopération économique. Avec son adhésion au Conseil de l'Europe, ce furent nos premiers ponts vers l'Europe politique. Il y eut depuis lors un peu plus de sombres tunnels que de franches percées à ciel ouvert. Nous ne pesons toujours pas sur les décisions concoctées par la Commission et le Parlement européen.

Dans le contexte politique du moment, le veto irlandais ne fut évidement pas sans conforter la conviction des Helvètes les plus rétifs. Ils étaient trop heureux de pouvoir exciper de la signification fondamen-

---

7 Bernard Wicht, *L'esprit de milice et le modèle suisse*, Lausanne, L'Âge d'homme, 1995.

8 G.-A. Chevallaz, *Le gouvernement des Suisses ou l'histoire en contrepoint*, essai, Lausanne, éd. de l'Aire, 1989.

tale du vote négatif de l'Eire neutre pour repousser encore l'échéance d'une adhésion. Quoique stratégique et donc lointaine, cette seule perspective est, dans les milieux néoconservateurs et nationalistes, de moins en moins tolérée, avec ou sans calendrier. On ne l'évoque aujourd'hui plus que du bout des lèvres, *pro memoria.* On a l'impression que les fronts s'ignorent plus qu'ils ne se heurtent explicitement. Depuis le refus de l'Espace économique européen (EEE) en 1992 (voir chapitre III), la résignation muette a gagné du terrain, les eurosceptiques guettant le moindre geste du Conseil fédéral dans une perspective trop européenne pour discréditer l'UE, que celle-ci paraisse empêtrée ou divisée. En dehors des consultations populaires touchant à l'intégration européenne – « Bruxelles le demande ! » –, le thème même d'une adhésion ne suscite guère qu'un intérêt académique ou épisodique. On n'ose réveiller le chien qui dort. Un bon géomètre n'aurait pas de peine à démontrer que la ligne droite de la Suisse est devenue asymptotique à la courbe européenne. L'historien pourra seulement dire que, dans le concert européen, la voix de ce pays foncièrement démocratique demeurait originale. Au moins ça.

Dans leur for intérieur, les Confédérés les plus ouverts aux attentes de l'UE ne voudraient toutefois pas répudier leur credo européen à chaque embardée de Bruxelles, à chaque chaud ou froid de l'eurobaromètre ou du thermomètre bilatéral. Soit qu'ils croient leur pays condamné ou voué malgré tout à une adhésion, soit qu'ils redoutent davantage l'émergence économique des puissances montantes russe, indienne ou chinoise, soit enfin qu'ils préfèrent les incertitudes d'une intégration européenne accomplie aux dangers d'une libéralisation économique à outrance. À leurs yeux, la Suisse n'a pas vraiment le choix, mais ce n'est pas encore une raison d'accélérer la cadence si jamais cela devenait politiquement convenable au plan intérieur. Vu l'adhésion ratée à l'EEE, on ne veut plus rien brusquer. Quitte à rester un peu penauds. Un éditorialiste romand, depuis longtemps attentif au spectacle politique suisse, décrit ainsi cet affrontement intérieur : *D'un côté, des idéalistes au grand cœur européen, comme des gamins irresponsables devant le portique de Bruxelles. De l'autre, des gens sérieux, les pieds sur terre, conscients des intérêts du pays, qui, eux, ramènent toute l'affaire à des dossiers objectifs, élaborent des accords compliqués, qui surtout ne se pressent pas*[9]. Cela fait dix ans que cela dure, et c'est là que le bât blesse. *Allegro moderato, ma con fuoco*, J.-P. Delamuraz a tenté de ruer dans les brancards. Sans succès décisif. En 2007 à Dorigny, le Président José Manuel Barroso résumait ainsi les succès de Bruxelles : *50 ans de petits pas pour de grandes avancées.* Pour la Suisse, on serait tenté de

---

9 Jacques Pillet, *L'Hebdo*, 22.10.98.

proposer cet écho : *trop de petits pas pour peu d'avancées.* Son cas demeure particulier ; il n'est pas encore pendable mais n'en est pas loin.

René Felber, collègue de JPD aux affaires étrangères, aimait cependant rappeler que les Finlandais avaient, eux aussi mais d'un point de vue géostratégique, de bonnes raisons de ne pas aller trop vite s'ils ne voulaient pas fâcher l'ours soviétique voisin. *Cela ne les a pas empêchés,* remarquait-il, *d'adhérer à l'UE sitôt que s'écroula le mur de Berlin et implosa l'URSS.* Mais voilà, la Suisse n'est pas la Finlande, ni l'Islande, ni même l'Autriche.

Du bilatéralisme à l'intégration à froid

Les Suisses ont suivi, durant sept siècles, le chemin de leur propre intégration et celui de la concertation pacifique et profitable avec les autres nations. D'instinct autant que de raison, ils ont dû et ils ont su écarter la tentation du splendide isolement. Aujourd'hui, tout à coup, ils hésitent[10]. C'est ce qu'observe en 1991 l'historien Jean-François Bergier, directeur éditorial du panorama économique publié à l'occasion du 700e anniversaire de la Confédération. (Commémoration assumée par JPD et dirigée par le flamboyant tessinois Marco Solari).

De fait, arguments *pro* et *kontra* rythment encore la valse-hésitation de Berne, sa réflexion aussi quand il y en a et qu'elle se révèle. Ils s'inspirent directement ou indirectement du *contrepoint de l'Histoire suisse*, pour s'en détacher ou s'y cramponner, le sublimer ou l'actualiser. La vision prospective en souffre, autant que la continuité logique d'une politique jusqu'ici fidèlement inspirée des pages économiques de notre histoire.

Considération essentiellement culturelle, donc secondaire pour l'appréciation de nos relations futures avec l'Europe ? Voire ! Il n'est pas besoin d'être expert en anthropologie sociale pour savoir l'importance de la relation entre la culture – dont l'histoire – et la conduite humaine. Mais, quelle culture pour cette nation à quatre langues ? Il n'y a pas de « ministre » suisse de la Culture – on n'en voudrait pas –, pas même un Secrétaire d'État. Ce qui en tient lieu, le directeur de l'Office fédéral de la culture – modeste budget ! – est le premier à le savoir, lui qui ne « fait » pas de culture mais doit se borner à l'aider dans son pluriculturalisme : *Notre pays ne s'est pas créé, comme la plupart des autres États européens, sur une identité culturelle commune (...), nous ne possédons pas une culture commune,* explique-t-il, *mais des cultures bien distinctes qui se complètent, qui font notre force et notre richesse*

---

10 *1291-1991. L'économie suisse. Histoire en trois actes*, St.-Sulpice, SQP Publication S.A., 1991.

(...), nous sommes astreints au respect de la diversité culturelle. La topographie nationale y étant pour beaucoup, le fédéralisme helvétique est coupable de l'existence de 26 systèmes scolaires que n'harmonise aucun ministre fédéral de l'Éducation. « *Les canons à la Confédération, l'éducation aux Cantons* ». Cette formule de 1874 s'imposa un quart de siècle jusqu'à ce que l'État central soit autorisé à légiférer. Pas étonnant, dans ces conditions, qu'il se trouve des artistes du crû pour prétendre que *la Suisse n'existe pas !* Et pourtant « elle tourne », et son histoire est depuis longtemps au service de politiques culturelles fédérale, cantonales et communales aux contours bien arrêtés, sinon tout à fait satisfaisante.

Un message de JPD vaut d'être cité à ce propos. Il remerciait les responsables de la revue romande *Écriture* de lui avoir envoyé, en avril 1990, un numéro spécial consacré à l'écrivain Jacques Mercanton, son « maître » au gymnase lausannois. Lecteur de cet auteur *parfaitement singulier*, JPD saisit cette occasion pour évoquer – de manière quelque peu ambiguë – une de ses préoccupations majeures : ... *votre hommage à cet homme de culture dégagé de tout provincialisme m'est aujourd'hui d'un précieux réconfort à l'heure où il convient, pour la Suisse aussi, d'assumer le vaste héritage européen, si tant est que la culture soit surtout manière d'être et de vivre, plus que connaissance.*

Les accords sectoriels Suisse-UE ont un volet touchant à l'éducation, celui qui vise à encourager la mobilité des étudiants, des personnes en formation et des jeunes. Les « paquets » acquis sont aujourd'hui soutenus par l'opinion publique, qu'elle demeure attachée à cette politique des petits pas, qu'elle veuille en faire un test préalable, ou encore qu'elle ait simplement tiré la leçon du refus populaire de l'EEE et choisisse désormais de suivre une voie d'approche moins compromettante (voir chapitre III). Pour la seule année 2008, plus de 2 300 étudiants suisses et une trentaine d'États ont bénéficié des programmes européens de mobilité entre les universités, « Erasmus » et « Leonardo ».

Au fil des ans, résume D.S. Miéville, éditorialiste du *Temps*, à propos du bilatéralisme entre Berne et Bruxelles, *euroturbos désillusionnés ou résignés et eurosceptiques cyniques ont fini par se rejoindre et se confondre dans une même tribu d'europragmatiques, qui prend comme il se présente le chemin étroit, chaotique et malaisé des relations avec l'Union. Un chemin pas très glorieux en matière de souveraineté, puisqu'il oblige à un alignement silencieux et inavoué sur l'acquis européen (...), qui engendre retards et frustrations mais qui offre l'essentiel sur le plan économique en épargnant l'essentiel en matière d'indépendance et d'exercice de la démocratie directe.* Diagnostic à peine prometteur, quoique pragmatiquement positif.

Ont surtout évolué, depuis une dizaine d'années, le vocabulaire gouvernemental et les étiquettes – évidemment manichéennes – dont on affuble les chefs politiques et leurs clientèles, selon qu'ils sont pour une adhésion aussi rapide que possible (« euroturbos », devenus « idéologues »), carrément opposés à cette option (les incontournables « Neinsager », la plupart nationalistes conservateurs) ou encore, entre deux, ceux qui ne sont ni l'un ni l'autre, pondérés ou hésitants, réservés voire « sympathisants mais... » (« eurosceptiques », aujourd'hui « pragmatiques »). Il y eut des parlementaires pour qualifier Delamuraz et Felber d'« europhoriques ». Peu expansive, la race paraît en voie d'extinction. On pourrait ajouter la qualification de « déçus-résignés », du genre *Je suis européen, mais je me soigne.*

Un expert en la matière l'a révélé, François Cherix[11], consultant en communication, Vice-président du « Nouveau Mouvement Européen Suisse » (NOMES). Sous le titre *Les glissements sémantiques qui tendent à rendre les pro-européens infréquentables*, l'auteur par ailleurs d'une *Lettre ouverte aux déçus de l'immobilisme* part de la présentation du document gouvernemental « Europe 2006 » par Micheline Calmy-Rey, la conseillère fédérale genevoise en charge des affaires extérieures. Que constate-t-il ? L'abandon implicite du débat sur l'adhésion, qualifié d'*idéologique*, au profit d'une *défense pragmatique des intérêts de la Suisse*. On en imagine la caricature : les pantoufles dans une main, le bouclier dans l'autre.

Autre « glissement », l'adhésion ne serait plus qu'un *instrument de politique européenne*, au même titre d'ailleurs, ironise François Cherix, que *la copie servile du droit communautaire*. Quant aux *idéologues*, ils se trouvent ainsi *poussés vers le cimetière politique d'où personne ne revient* (...) Leur qualification était jusqu'alors celle d'« euroturbos ». Cette étiquette-ci avait permis d'inventer, à contrario, une position de *sympathisant de l'adhésion pour autant qu'elle soit différée, soit d'un « non raisonnable » qui permettait de renvoyer dos à dos, comme autant d'agités, partisans et opposants à l'entrée de la Suisse dans l'UE.* Autrement dit, le glissement sémantique illustre une sorte d'induration politique.

En bref, Cherix veut démontrer aussi que, plus on observe les mécanismes en cours, plus on a l'impression que la Suisse est en train d'effectuer un processus *d'intégration à froid dans le dispositif européen.* Très froid, pourrait-on dire, si l'on en croit un observateur auprès de l'UE, convaincu que le caractère attractif de la Suisse s'est retourné contre elle et que la force de frappe de Bruxelles a empiré. L'impression semble bigrement fondée. Est-ce vraiment, comme en tranchait un amer représentant de la vieille garde européenne, que *plus l'Europe s'élargit, plus les esprits se rétrécissent* ? Il y aurait de quoi se décourager.

---

11 *Le Temps*, 12.10.06.

Pour anecdotique qu'elle paraisse, cette mutation entre le signifiant et le signifié n'est pas sans intérêt. Elle a le mérite de révéler un certain mouvement dans les esprits. On pourrait presque s'en réjouir, n'était l'impression qu'on cherche, au bord de l'Aare, à bouger les formes pour n'avoir pas à s'occuper du fond, risquer d'entrer en matière sans bien savoir où est la sortie.

On se plaît généreusement à dire, au Luxembourg, que la Suisse n'est pas ressentie comme une *puissance étrangère à l'UE*... Heureux de le savoir, mais son discours officiel est encore loin, très loin de ceux de Jean Monnet, Robert Schumann, Konrad Adenauer et autre Henri Rieben. Il est timide, diffus et généreusement *pro domo*. Sur le navire européen, la présence suisse tient un peu de la clandestinité ; elle est reconnue sans être toujours bien tolérée. *Faute d'un but extérieur*, démontre Joëlle Kuntz dans « Sonntag.ch » du 26 juillet 2009, *l'intérieur se délite, se morfond et se perd dans des conflits triviaux qui intéressent de moins en moins le corps social.*

Une diplomatie engourdie, ou bridée ?

En définitive, la diplomatie suisse n'a-t-elle pas manqué et ne manquerait-elle pas de souffle magnanime, de hauteur de vue ou de capacité à embrasser le phénomène de l'intégration européenne ? Ne serait-elle que trop rarement en phase, ou alors victime d'engourdissements récurrents ? Il y a quelques justes excuses historiques à cette méfiante, durable et peu olympienne circonspection. Outre que notre État n'a pas eu ses Pétrarque, ses de Commines, ses Richelieu, ses Wilson, non plus qu'un Bonaparte capable de doter son futur empire d'un corps hiérarchisé de diplomates. Pour rappel : au sortir du Moyen-âge, la « dominante » Venise avait déjà placé des agents à poste fixe auprès de chaque monarque et de chaque république. Sa diplomatie était ouvertement celle du commerce, donc une diplomatie de paix. Toute proportion gardée, elle a tardivement servi d'exemple à la Suisse... et aux fondateurs de la CEE, dans le fond sinon dans la forme.

Jusque vers la fin du 19ᵉ siècle, le Président de la Confédération dirigeait *ex-officio* et à lui seul la diplomatie du pays. L'usage voulait en effet que le Président du Conseil fédéral soit aussi le ministre des Affaires étrangères, les deux casquettes pour une année présidentielle. Son ministère – anciennement « département politique » (*sic* !) – est né en 1888 : une vingtaine de fonctionnaires et cinq postes diplomatiques à l'étranger, soit Berlin, Rome, Washington et, depuis 1848 déjà, Paris et Vienne. Son premier chef fut le Neuchâtelois Numa Droz. Plutôt que de créer un véritable réseau, Berne se bornait à utiliser les légations étrangères accréditées en Suisse, beaucoup plus nombreuses que les missions suisses à l'étranger. C'était un peu l'unilatéralisme dans le bilatéralisme.

Sauf circonstances très particulières, il valait mieux en faire le moins possible si l'on voulait avoir le soutien et le respect de ses collègues, et ne pas inquiéter l'opinion publique par des options réputées occultes, voire de nature oligarchique. Hormis les offres d'arbitrage ou de bons offices, et l'activité humanitaire, toute initiative semblait suspecte. La retenue, beaucoup moins. Le trait est à peine forcé et nous pouvons relativiser les choses : à une vingtaine d'années près, c'était l'époque où, à la Chaux-de-Fonds, un chef syndicaliste connu, père d'un futur conseiller fédéral, osait expliquer à Lénine qu'il ne pouvait malheureusement pas le rencontrer parce que c'était son *jour de lessive*. « Helvétiquement vôtre, mon cher collègue ! »

Le Palais fédéral à Berne, d'où l'on tente d'embrasser le phénomène de l'intégration européenne

Il y avait sans doute des liaisons vers l'extérieur, mais peu de relations suivies, alors même que, hors de nos frontières, la pratique diplomatique remonte au 17e siècle, plus tôt en Italie. La « carrière » existait, mais la diplomatie helvétique fut longtemps peu « errante », ses rares « messagers » se bornant à entretenir les conditions d'utiles conversations. Selon une règle orale en vigueur, le président de la Confédération ne quittait jamais le territoire national. L'ennui est qu'il était aussi notre ministre des Affaires étrangères. Collaborateur régulier du « Courrier européen » aux côtés de Léon Tolstoï, l'écrivain et Conseiller national jurassien Virgile Rossel qualifiait ainsi le président de ce pays *foncièrement républicain : Il est le premier fonctionnaire d'une démocratie, et il reste le citoyen de goûts modestes, de mœurs simples, d'abord facile qui, dans son bureau, ne se distingue pas d'un autre serviteur de l'État, et qui, dans la rue, se confond tranquillement parmi les passants, (...) point de palais officiel, (...) pas de garde d'honneur (...) pas de décorations, (...) point de costume de parade*[12]. Ce Président ne voyageait donc pas, apparemment insensible à son singulier handicap. Les premières exceptions remontent aux années 1980. Il fallait bien accepter d'être reçu si l'on voulait recevoir.

Pour les conseillers fédéraux « ordinaires » du 19e siècle, il n'y eut que trois visites, la première en 1856, les deux autres en 1881 et 1882. Toutes en France, avec un traité de commerce exceptionnel pour seul objectif. Les tractations diplomatiques avec Rome et Vienne ne furent pas plus faciles au début du siècle passé. Déjà s'exprimait une singulière répugnance de la Confédération pour des traités susceptibles d'entraîner un amoindrissement de son indépendance et de sa disponibilité. Quelque huit décennies plus tard, au début des années 1960, le ministre suisse des Affaires étrangères, pourtant doté d'un riche appareil diplomatique, ne voyait aucun intérêt à évoquer publiquement les relations franco-suisses, moins encore à les développer… dès lors qu'il n'y avait aucun contentieux entre Paris et Berne. En ces temps-là, on pouvait, entre ministres, se contenter de ne pas se parler pour bien s'entendre. À Paris, son collègue Couve de Murville n'avait dès lors plus qu'à se rabattre sur le chef de la mission suisse. Berne ne courait aucun risque : nos ambassadeurs sont choisis pour leur subtile neutralité langagière et leur aversion à toute spontanéité diplomatique.

Rien d'exceptionnel ou d'artificiel n'explique cette longue période de dénuement et parfois d'atonie diplomatique. Au niveau même du Parlement, on jugea longtemps que la diplomatie était, moins qu'un instrument, une tradition réservée aux monarchies ou aux grandes puissances, donc aux pouvoirs centralisés, luxe peu compatible avec le système fédératif suisse. De surcroît, une part importante de l'opinion publique – en Suisse alémanique surtout – ne daignait pas entrer en matière sur l'utilité d'un coûteux réseau diplomatique professionnel.

Quelques années auparavant, l'historien François Guizot écrivait que les peuples avaient tort de ne pas voir que les relations extérieures présentaient un intérêt direct pour eux, et qu'ils devaient donc s'en inquiéter plutôt que de *laisser de tels événements à la direction du*

---

12 *Le Courrier européen*, Paris, 23.12.1904, à propos de l'élection du Vaudois Marc Ruchet.

pouvoir central. Ce sont les relations extérieures, les guerres, les négociations, les alliances qui attirent et remplissent l'histoire, argumentait l'ancien ministre des Affaires étrangères français dans ses « Mémoires pour servir à l'histoire de mon temps »[13]. Mais on dirait qu'il n'est pas nécessaire de connaître l'histoire pour éplucher un budget : en 1884, les citoyens suisses refusèrent une loi sur les frais de chancellerie de l'ambassade suisse à Washington. Suite à un référendum[14] ! En 1955 seulement, Berne introduit un examen sanctionnant l'aptitude à la carrière diplomatique. Il y avait alors 120 ans que le terme de « diplomate » était accueilli par l'Académie française pour le substituer à ceux, moins prestigieux, d'« orateur », d'« envoyé », de « facteur » ou de « messager ».

À la décharge des prédécesseurs et même des premiers successeurs de Max Petitpierre, chef du DFAE de 1945 à 1961 et trois fois Président de la Confédération, on doit aussi retenir en amont, hormis un utilitarisme de circonstances, une antique légitimité dans l'attitude des autorités fédérales de la Suisse du 19e siècle et des premières décennies du 20e. À commencer par l'obsédant héritage d'une défiance persistante à l'endroit de ses grands voisins, défiance jadis réciproque à l'endroit d'une *nation de libres guerriers, protectrice jurée de libres communes*[15].

Car, depuis la nuit des temps ou presque, ces puissances demeuraient redoutées pour leurs visées impérialistes, méprisées pour leurs régimes autocratiques, çà et là maudites pour l'éclatante suffisance de leurs cours empanachées face à de gris paysans à peine remis de leurs querelles internes, bouclés dans leurs vallées, accrochés aux giratoires stratégiques d'un continent encore déchiré par ses conflits frontaliers. Morcelée et peu sûre d'elle-même, la Confédération se trouva finalement dans l'incapacité de cultiver toute ambition expansive, au point de ne pas vouloir saisir de belles occasions de gagner de la surface au sud et à l'ouest. Elle fit ensuite vertu de cette incapacité, alors qu'elle ne faisait qu'adapter ses fins à ses moyens. Sa force d'appropriation en a pâti évidemment. On insinue parfois que les Savoyards le regrettent…

Le multilatéralisme aide à rattraper le temps perdu

Ohne grandeur, lentement, progressivement et en douceur, les choses ont depuis lors évolué. Les vieilles coutumes et ces scories d'un autre âge étant presque oubliées, la Suisse moderne finit par comprendre qu'elle pouvait baisser la garde et ne plus s'effarer comme volaille face à Goupil. Rugueusement tenace, elle le fit avec un indéniable succès,

13 *Histoire de l'Europe et de la France*, Paris, éd. F. Nathan, 1893.

14 Herman Böschenstein et Urs Altermatt, « Le développement de l'administration fédérale depuis 1848 », *Berner Zeitung*, 11.09.1980.

15 J.F. Kirk, *op. cit.*

non sans avoir vécu quelques législatures dénuées d'imagination diplomatique d'origine contrôlée, mis à part, au début des années 1900 sous l'impulsion du Neuchâtelois Robert Comtesse notamment, l'accueil d'un grand nombre de congrès universels pour la paix et de conférences pour la protection ouvrière. Au demeurant, le Conseil fédéral résista longtemps au projet parlementaire d'un partage des responsabilités de politique extérieure par le biais de commissions permanentes. (Il ne lisait pas Guizot). Celles-ci exercent aujourd'hui un contrôle qui n'est évidement pas sans parfois brider notre diplomatie, et la rendre peu hardie. On peut au moins se féliciter que le législatif soit ainsi sorti de son infantilisme diplomatique, alors qu'il était impliqué depuis plusieurs décennies dans les responsabilités de défense nationale. Il faut aussi savoir que le département « politique », puis des affaires étrangères, ne fut jamais un ministère clé du gouvernement des Suisses, à la différence de portefeuilles plus techniques, électoralement plus porteurs. Ce n'est peut-être pas innocemment qu'il fut si souvent « réservé » à des magistrats latins et (ou) socialistes. Cela ne retient pas, dans des circonstances controversées, quelques collègues bien intentionnés de lancer de petites phrases assassines afin d'« encadrer » l'activité du ministre compétent. Jadis mésestimé, le DFAE est aujourd'hui soumis à d'incessantes ingérences, sans être convoité pour autant.

Quant à la place de la Suisse dans l'Europe, il y a près de 20 ans qu'un ancien ministre socialiste suisse des Affaires étrangères démontrait déjà qu'il fallait être *très prudent, la Suisse ne sachant, pas plus que les autres États, comment les choses vont tourner. Voyez les problèmes de l'Est.* Mais Pierre Graber, estimant alors *difficile de supputer (...) les risques que courrait une Suisse intégrée dans une Europe unie*, finit par supputer lui-même *qu'il n'y a guère de problème si l'on réussit à élaborer un système fédératif permettant à tous les États de conserver leur identité*. Enfin d'oser ce paradoxe, légèrement immodeste : *J'imagine assez la Suisse devenant le champion de la cause d'une Europe fédérative*[16]. Cela fait penser au télégramme qu'un autre ministre des Affaires étrangères, le radical Max Petitpierre, en fidèle émule de son beau-frère Denis de Rougemont, avait envoyé à Winston Churchill au lendemain de son fameux discours – *profond et courageux* – du 18 septembre 1946 à Zurich : *Comme vous, je suis convaincu que le salut de l'Europe est dans l'union de ses États, non sous forme d'un bloc mais suivant la formule fédéraliste dont mon pays a l'expérience séculaire, qui permet à chaque peuple de garder sa personnalité nationale en respectant celle des autres*. Qu'on le sache cependant, à Bruxelles comme au siège de l'ONU à New York : loin d'être préméditée puis construite

---

[16] *Le Matin*, Lausanne.

dans la préconscience d'un État fédératif exemplaire, la Confédération actuelle fut, dès le milieu du 19e siècle, un aboutissement âprement et lentement conquis. Quant au sentiment d'appartenance cantonal, il a, depuis 1946, sensiblement perdu de sa force sinon de sa raison d'être.

Survinrent ensuite le crescendo du multilatéralisme et sa dynamique propre, début d'une longue période qui vit notre diplomatie glisser d'un isolationnisme relativement modéré à sa nouvelle vocation internationale. Quitte à se prêter parfois au mouvement inverse. La Suisse dut de ne pas être prise au dépourvu à son expérience d'un généreux accueil de conférences internationales, en application du principe de l'universalité de ses relations extérieures, principe cher à Wahlen, Petitpierre puis à Pierre Aubert, prédécesseur de René Felber, tous quatre acquis à la pratique d'une neutralité active.

Les circonstances internationales aidant, les choses et les esprits changèrent donc. Nos conseillers fédéraux prirent rapidement goût aux voyages. Il y eut les adhésions finalement réussies à l'ONU et à l'OMC (Organisation mondiale du commerce) sous la férule de conseillers fédéraux romands, signes prometteurs d'ouverture et de confiance en soi retrouvée. Il y avait eu auparavant l'adhésion à l'OCDE lorsque l'opposition de la France fit échouer la tentative – soutenue par la Suisse – de créer une AELE englobant toute l'Europe, CEE incluse.

Aujourd'hui Berne gère convenablement ses négociations bilatérales avec l'UE, cherchant, on l'a dit, à s'assurer *l'essentiel sur le plan économique tout en épargnant l'essentiel en matière d'indépendance*. Elle se trouve presque soulagée d'avoir échappé à l'engrenage dans lequel une entrée à l'EEE l'aurait probablement jetée. Elle va de l'avant le plus pragmatiquement possible, sans chercher à plaire et en évitant d'éluder. Retenue et patience restent de mise, qui expriment respectivement une crainte de l'engagement et le souci constant de rallier l'opinion publique à la classe politique. Ce, alors même qu'aucune difficulté économique et aucune menace de déstabilisation intérieure ne justifient une réserve effarouchée dans sa politique étrangère.

Telle est la tournure prise par le « débat ». Débat officiel à défaut d'être populaire, tant la complexité de ces négociations sectorielles le rend obscur aux yeux et aux oreilles du simple péquin. Situation nouvelle ? Pas trop. Avec l'Europe, on tente de rattraper le temps perdu, mais s'applique encore ce constat vieux de dix ans, que sous-tend une colère toute « delamurienne » : *À force d'échapper aux bouleversements du siècle, pour le meilleur et le pire, la Suisse n'a plus la même échelle du temps que ses voisins. Elle traîne les pieds. Elle rêvasse*[17]. Notons toutefois que, si elle paraît encore traîner les pieds, elle ne « rêvasse »

[17] Jacques Pilet, *L'Hebdo*.

plus. Négociations obligent, surtout lorsqu'on les a sollicitées, à défaut de mieux. Surtout que, comme s'en inquiètent certains partenaires de l'AELE, la Confédération suisse s'en tire bien, *trop bien.* On l'entend dire au sein des Conseils européens, en particulier dans le cercle réfrigérant des pays nordiques.

Le fait que la Suisse ne soit pas membre de l'UE n'est qu'un hasard provisoire, osait encore espérer le Premier ministre luxembourgeois Jean-Claude Juncker en novembre 2008 à Lausanne. Séance tenante, le Président Pascal Couchepin lui répliquait que *c'était un choix dicté par les circonstances.* Le successeur romand de JPD au Conseil fédéral n'a pas précisé lesquelles. À chacun « ses » circonstances déterminantes, qu'on veuille assumer le passé, le présent ou l'avenir, leurs bonheurs ou malheurs respectifs. Avec le recul du temps, René Felber, l'ancien compère de JPD avait fini par lâcher cet aveu, quelque peu résigné, mais ruminant encore l'échec de l'EEE : *On a eu raison trop tôt.* Quelques mois plus tard, une affiche publicitaire du journal *Le Temps* s'en faisait l'écho en annonçant, sous la photo de JPD : *Le temps lui donnera raison.* Cela pourrait se vérifier homéopathiquement.

Le moins qu'on puisse soutenir est que Berne ne s'est pas laissé abandonner, ahurie sur le quai des oubliettes ou dans l'impasse de patientes entourloupes. Cela, même si le retard paraît irrattrapable s'agissant de s'assurer *accelerando* une voix au chapitre. Le problème d'un accès à une codécision européenne est-il vraiment, comme on l'a écrit, *atemporel ?* Pour l'heure, la Suisse ne peut toujours pas coopérer avec ceux qui, de plus en plus nombreux et donc divisés, dessinent aujourd'hui la future grande Europe, tentent d'en faire une entité aussi naturelle que rationnelle tout en révisant constamment son fonctionnement, sans toutefois oser lui forger un destin d'airain.

Si la Confédération n'est donc pas restée au bord du chemin ces dix dernières années, Berne semble avoir tout de même rétrogradé au début des années 1960 lorsque le Bernois Friedrich-Traugott Wahlen, en charge des affaires extérieures, osait dénoncer *l'obscurité* qui régnait en ce qui concerne la vision politique européenne issue d'une collaboration économique. Il repoussait, sans le dire, toute idée d'un *État européen unitaire.* En revanche, il concédait l'intérêt pour la Suisse d'une *Europe des Patries* et, en souvenir du dernier conflit mondial, saluait *l'entente entre nos deux grands voisins.* Mais il ne s'engageait pas pour autant : *... le peuple, le parlement et le gouvernement suisses*, assurait-il, *sont d'accord pour considérer que nous ne pouvons souscrire d'engagements qui ne soient par avance clairement définis, (...) ...embarquer sur un bateau sans en connaître la route.* Toute de prudence terrienne, l'admonition était claire. Elle était celle d'un magistrat pourtant favorable à une politique active de bons offices, soit à la gérance d'une

« ambassade permanente »[18]. Conseiller fédéral en qui l'on s'accordait à voir un « Landesvater » rassurant, il voulait éviter à son peuple de prendre des risques en dehors du territoire national.

Pourtant, que de changements depuis 1956 déjà et, pour beaucoup d'États européens dont la Suisse – désormais associée à la CECA (Communauté européenne du charbon et de l'acier) par une convention consultative –, que de restrictions aux souverainetés nationales, de renoncements à leurs attributs respectifs. Pas vraiment gratifiant, quoiqu'on en dise pour se rassurer ou pour n'avoir pas à le reconnaître. Pas gratifiant non plus, souvenons-nous-en, le refus d'entrée en matière que Bruxelles opposa à Berne lorsqu'en 1962 les Conseillers fédéraux Wahlen et Schaffner présentèrent une demande d'association (économique). Grâce à de Gaulle, il n'y eut jamais de réponse. La Suisse se l'est tenue pour dit, mais elle ne l'a pas vraiment oublié.

L'Europe patientera sans doute plusieurs années encore, attendant que cette Confédération décidément rétive veuille bien se rappeler qu'elle ne s'est pas faite, elle non plus, sans subir ou organiser de grands chamboulements, sans accepter des transferts ou des cessions de compétences, bref qu'elle s'est construite elle aussi par à-coups pragmatiques. Les 150 dernières années de la Confédération témoignent de cette longue construction. La récompense de cette patiente gestation ne devrait pas autoriser aujourd'hui quelque autosatisfaction dans la claustration, moins encore tout cabrement apeuré ou tout ricanement cynique – *on vous l'avait bien dit* ! – lorsque l'UE se trouve en butte à des oppositions parfaitement démocratiques et qui ont le mérite de l'être. Trop facile. Delamuraz a maintes fois dénoncé ce type d'égocentrisme.

Plutôt que d'annoncer ou dénoncer aujourd'hui tout risque d'ingérence européenne, la Suisse devrait se souvenir que, pour retrouver une considération perdue, son gouvernement eut lui-même, un jour de 1803, besoin de la médiation du Premier consul de la République française. Vingt ans plus tard, le Rollois Frédéric-César de la Harpe disait encore des *pauvres Suisses* qu'ils n'étaient *plus une nation*, sous-entendu une nation indépendante[19]. À l'époque, observent d'émérites historiens, *les institutions de la Suisse ne pouvaient ignorer les réalités changeantes de la géopolitique contemporaine*, celle du *nouvel ordre européen* (sic !) Le passage du pays de son état de satellite de la France à celui d'État moderne indépendant n'alla pas sans immixtions, actes d'allégeances,

---

[18] F. T. Wahlen, *L'Ambassade permanen*te, Lausanne, L'Âge d'homme, 1966.

[19] Il fut l'inspirateur de la Constitution de la « République helvétique » une et indivisible de 1798, dont il fut ensuite le directeur. « Je dois tout ce que je suis à un Suisse », disait à son sujet le Tsar Alexandre Ier de Russie dont il fut le précepteur et à qui il transmit ses idées libérales.

déperdition de conscience nationale, voire *d'honneur national*. Il n'a pas non plus suffi d'un pacte fédéral, celui de 1815, pour que l'ancienne Confédération donnât enfin naissance à une nation[20]. On a fait la Suisse bien avant de faire les Suisses. L'Europe n'a pas encore eu le temps de générer ses Européens. Ni le temps, ni l'art.

Patience – neutralité – démocratie – fédéralisme : stabilité

Ce ne sont pas là les ingrédients de quelque potion anti-impérialiste de la magie bretonne[21]. Il s'agit de contingences que la Suisse s'est imposées afin de pouvoir garantir son indépendance et sa tranquillité de petit État. Les quatre valeurs ne se juxtaposent pas : elles se complètent et peuvent se combiner. Il faut les relier pour mieux les comprendre dans leur conjugaison synergique, leur *écheveau de multiples contingences entremêlées.*

L'attitude, le style et le fonctionnement suisses ont leur maître mot, la patience. Elle était forcée chez JPD qui, pensant à lui-même, citait volontiers cette prière d'un pasteur énervé : *Dieu, donnez-moi la patience, ma subito !* Nos livres d'histoire fournissent maints exemples de cette patience nourrie de volonté parfois obstinée, d'un souci de prévention et d'une inclination granitique à la circonspection. Indispensable à sa démocratie, cette mère des vertus cimenta la Suisse politique, économique et sociale. Cela vaut aussi depuis que l'ancienne Confédération devint l'État fédératif et l'État de droit que nous connaissons. Aujourd'hui encore, au prix de multiples consultations populaires, elle amène les autorités à marquer le pas et prendre elles-mêmes patience chaque fois qu'il y va de la moindre parcelle du destin national, et qu'on peut le redouter à défaut de le souhaiter.

Né de perpétuelles menaces extérieures, l'État fédéral suisse est demeuré cette petite chatte échaudée craignant l'aventure – surtout collective – autant que l'eau froide. Institution du droit des gens après n'avoir été que sorte de droit coutumier issu de l'« inaction » de l'ancienne Confédération, sa neutralité « intégrale » – après avoir été « différentielle » –, en atteste. En témoignent aussi les prudentes variations dans l'application même de ce qui devint maxime de politique étrangère. En février 1952, Max Petitpierre, d'abord éminent professeur de droit international, donnait cette définition simple : *La neutralité et la politique de neutralité qui en découle ne se justifient qu'en fonction et en prévision de la guerre*. D'où son attachement à une politique de neutralité active en temps de paix. Cette neutralité d'origine sert encore

---

20 *La Suisse, de la formation des Alpes à la quête du futur*, Zurich, éd. Féd. Migros, 1975.

21 Voir les « Aventures d'Astérix », éd. Goscinny-Uderzo.

à justifier de vieux réflexes de défense. Rien à voir avec quelque neutralisme opportuniste dans la façon d'affirmer et d'appliquer sa neutralité. Rien à voir non plus avec quelque attitude unilatérale, comme croyait pouvoir l'objecter Bonaparte. Rien à voir surtout avec quelque abstentionnisme individuel comme on l'imagine parfois : la liberté d'opinion et d'expression fait partie des monuments culturels suisses.

Dix ans après Max Petitpierre, le libéral genevois Olivier Reverdin, rapporteur de la Commission des Affaires étrangères du Conseil National, laissa percer une certaine irritation au sujet de la neutralité invoquée par ceux, dont les communistes de sa ville, qui la jugeaient incompatible avec l'adhésion de la Suisse au Conseil de l'Europe : *La nature de nos institutions, la neutralité notamment, nous obligent à nous singulariser*, observait le futur président suisse de l'institution consultative et délibérante de Strasbourg. *Mais de grâce, ne nous singularisons pas inutilement. Ne prenons pas pour vertu ce qui n'est qu'une nécessité !* Issu du Pacte de Bruxelles de 1946 et créé trois ans plus tard – on prit donc son temps avant d'y entrer –, le Conseil de l'Europe n'était certes qu'un *irremplaçable lieu de rencontres* et une tribune, chartes et conventions à l'appui. On ne parlait pas encore d'une Communauté européenne. N'empêche que le plaidoyer de l'helléniste du bout du lac offre encore de quoi nourrir la réflexion. (Le forum de Strasbourg est resté un lieu de rencontres utiles, peut-être pas la plus écoutée des deux tribunes européennes.)

Aujourd'hui, au-delà d'une simple fidélité au congrès de Vienne de 1815, cette neutralité et la politique de non-engagement qui en découle ne sont-elles pas toutefois devenues une sorte de refuge, voire de prétexte à ne pas agir ? Sans être un dogme, ne conduit-elle pas à la non-action attentiste plutôt qu'à une légitime réserve nourrie du seul souci d'indépendance d'un petit État ? Idéal, ou calcul ? Ces questions reviennent régulièrement à l'ordre du jour. Nul doute que la neutralité soit, pour la Suisse comme pour l'Europe, un facteur de stabilité et de sérénité. Mais si elle ne devait servir qu'à excuser le pays de ne pas s'adapter aux mouvements et mutations qui le cernent ou le secouent, il serait alors sage de se demander si elle ne l'englue ou ne l'étouffe pas plus qu'elle ne certifie son indépendance. N'a-t-on pas, à l'étranger, l'impression que, par sa réserve très discrète, la Suisse cherche à se faire oublier ?

Dans le processus d'intégration, c'est sa politique de neutralité et non sa neutralité qui pose problème, dans la mesure où elle est devenue singulièrement dépourvue de solidarité. *La formule du Conseiller fédéral Petitpierre « neutralité et solidarité » s'est en effet bien décolorée dans la pratique*, estimait à ce sujet l'historien Hans Tschäni. Et d'étayer ainsi cette critique dans son ouvrage édité en 1968 : *La solidarité n'est plus guère interprétée que dans le sens d'une obligation platonique consistant à offrir aide et bons offices à des peuples qui se combattent*[22]. La Confédération devrait aussi se garder de s'entendre à nouveau reprocher de n'entretenir qu'*une justification idéologique de la névrose suisse d'isolationnisme* (dixit Prof. Arnold Künzli). En réalité, le statut de neutralité n'est pas contesté sur le plan international. Eu égard à son fondement historique, soit à la reconnaissance formelle dont elle fit l'objet en 1815, on ne nous la reproche pas. S'il y a contestation, elle vise aujourd'hui son application ou sa motivation, c'est-à-dire la manière dont Berne la décline rigoureusement ou pragmatiquement au gré des circonstances... et de l'interprétation parfois collégiale du gouvernement. À cet égard, on peut imaginer que le « Comité d'action pour les États unis d'Europe » des années 1960 et son président Jean Monnet manifesteraient maintenant, pour un élargissement à la Suisse, plus d'intérêt qu'ils ne l'ont fait à l'époque. Ils étaient alors plus soucieux de l'intégration de la Grande-Bretagne puis d'une Allemagne réunie que de la recherche de solutions applicables aux neutralités de la Suisse et de l'Autriche, au moment où, par surcroît, l'idée d'un Euratom intégrateur prenait le pas sur la potentialité de la communautarisation.

Entre autres effets originaux de la tranquillité ambiante, celle de Berne surtout, les mouvements de personnes au niveau gouvernemental laissent la Bourse de marbre, les capitales étrangères aussi. Aucune démission, même ministérielle, ne perturbe le « Swiss Market Index » ! Tout le monde sait qu'il n'y a, à Berne, aucun bureau ovale où s'entretient une pensée unique durable, aucun « guide suprême ». Plus personne n'ignore que le Président de la Confédération n'est qu'un *primus inter pares* ou presque, l'étoile filante d'une année comme les autres, et que le pouvoir est divisé par sept. La mise à la porte du président de la Banque nationale suisse ferait infiniment plus de bruit et écornerait l'image de la Suisse bien davantage que ne l'a fait l'éviction de son ministre de la Justice, mais aussi moins qu'une soudaine quoique prévisible remise en cause du secret de ses banques, à Washington, Berlin et Paris, ainsi qu'au sein de l'UE, par l'effet mécanique de la mondialisation. C'est l'aspect anecdotique de notre stabilité générale. Il en est un autre, qu'illustre cette récente prédiction du directeur de l'UBS : *Les pays émergents continueront de placer de l'argent en Suisse, notamment en raison de la stabilité du cadre juridique offert par le pays. Cela ne va pas changer de sitôt.*

Vu de l'étranger, la stabilité suisse paraît un modèle unique en son genre, sans qu'on en connaisse vraiment tous les canons. Neutralité mise à part, elle s'explique aussi par un système qui fait régulièrement appel

---

[22] H. Tschäni, « Profil de la Suisse », Lausanne, éd. Spes S.A. / Zurich, Rascher, 1968.

au peuple pour lentement confirmer ou infirmer les décisions des parlements fédéral et cantonaux, voire communaux. On le rappelle chaque fois que les lenteurs du moulin politique provoquent des réactions d'impatience ou de questionnement poli, à Bruxelles en particulier. Les explications que le président Mitterrand avait reçues à ce sujet lors d'une de ses visites de travail à Berne l'avaient presque convaincu des inconvénients de ce processus de démocratie semi-directe. Il avait du moins compris, non sans y être discrètement et malicieusement encouragé par ses interlocuteurs, dans quelle mesure le système référendaire pouvait freiner et insécuriser l'action d'un exécutif, à l'intérieur comme sur la scène internationale. Car loin d'être un pur lieu commun, la souveraineté populaire est inscrite dans les faits et aux niveaux communal, cantonal et fédéral.

Le jeune conseiller fédéral Delamuraz se bornait lui-même, par respect d'institutions depuis longtemps en place, à parfois trépigner et faire allusion aux néfastes effets de la « recourite », sans vouloir concéder que le système en soi peut tout de même produire des effets salvateurs au niveau de l'ordre public… et des caisses fédérale, cantonales et communales. Alors ministre de la Défense, il avait aussi partagé, en visite de travail à Washington, la préoccupation que l'accroissement des compétences parlementaires inspirait à son puissant homologue américain. Il compatit spontanément.

Au 21e siècle, le modèle helvétique de stabilité politique n'a au demeurant pas que d'inconditionnels partisans. Témoin l'élu genevois donnant cette réponse provocatrice à la question de savoir quels étaient la principale qualité et le principal défaut du système démocratique suisse : *la stabilité !* Il s'expliquait en en dénonçant deux inconvénients concomitants, lesquels s'appliquent aussi au débat démocratique sur l'Europe : la distance qui s'installe le plus souvent entre le projet d'origine et celui qui sera finalement accepté d'une part, les atteintes qui en résultent pour la créativité et la lisibilité de l'action politique d'autre part. De surcroît, précisait à raison l'effronté maire, la multiplication des canaux et des sources d'information crée de la confusion, en particulier au niveau de la pertinence, ce qui rend de moins en moins repérables et identifiables les projets politiques à long terme, alors même que citoyennes et citoyens suisses sont appelés à se prononcer à leurs sujets.

Et puis, la cadence helvétique des décisions gouvernementales et de leurs entrées en vigueur, autre facteur démocratique de ce calme politique, n'est plus compatible avec celle de nos voisins. Delamuraz s'en est énervé et l'a répété. On pourrait objecter que cette placidité atavique est compensée par l'instabilité d'un très rare État à changer chaque année de Président, mais ce ne serait qu'un gag. Objection rejetée !

Heurs et malheurs de la démocratie semi-directe, ou participative ? Donnons la parole à un avocat de la défense cité à titre posthume, l'historien Jakob Burckhardt : *Le petit État existe pour qu'il y ait dans le monde un coin de terre où le plus grand nombre d'habitants puissent jouir de la qualité de citoyens au vrai sens du mot.* Autre bon avocat d'office, le peu connu Benjamin Constant, homme politique et écrivain français d'origine suisse (1767-1830). JPD s'en inspirait. Entre Rousseau et Montesquieu, dont il associe les idéaux, l'ancêtre lausannois des « politologues » défend la démocratie comme *autorité posée entre les mains de tous*, mais il n'approuve guère le régime qui ne met pas de limite à la souveraineté populaire. Le meilleur régime à ses yeux n'est ni la démocratie ni le libéralisme. Il est la démocratie libérale. La pensée pamphlétaire de Constant de Rebecque est moderne ; elle peut encore inspirer la culture politique suisse. S'agissant précisément du défi européen, on pourrait sagement se référer à son principe selon lequel *le changement est la règle habituelle de toute société*, et qu'il ne faut ni lui faire obstacle ni le précipiter. Sur ce point en tous cas, l'ami de Mme de Staël ne pouvait pas renier ses origines, son goût de la concordance mais aussi sa fidélité à un idéal de base. *Elles nous agacent en plus d'un point*, reconnaissait pour sa part en 1978 l'ancien professeur de droit constitutionnel et Conseiller aux États neuchâtelois Jean-François Aubert en parlant de nos institutions démocratiques, *mais nous les respectons et nous les aimons*[23].

Jusqu'ici, le professeur Ueli Windisch de l'Université de Genève ne semble pas, quant à lui, avoir été suivi dans sa démonstration concernant *la crise actuelle de la pratique fédéraliste et la nécessité de s'écarter enfin d'une logique linéaire, rigide et manichéenne pour retrouver une façon plus souple de penser, de faire avec l'aléatoire, le différent, le nouveau, l'incertain, l'ambigu.* Car *nos sociétés sont devenues des sociétés complexes, hétérogènes, fluides (...).* D'où la nécessité, pour ce sociologue parfois controversé, d'une façon de penser plus complexe, en particulier pour la compréhension et la pratique fédéralistes. Redoutant avec Edgar Morin que *rigidité et manichéisme ne tournent à une forme de barbarie dans notre civilisation*, Windisch concluait : *Une société fondée sur un équilibre instable mais susceptible d'intégrer bruits et perturbations est en réalité plus stable (à long terme) qu'une société fermée et obsédée par l'équilibre et le consensus.*

Pour la Suisse et pas seulement sur le plan européen, la pratique actuelle du fédéralisme est effectivement à l'origine de réelles faiblesses. S'en trouve altérée la capacité des autorités fédérales à répondre rapidement aux exigences de l'interdépendance sévissant sur le plan

23 *Exposé des institutions politiques de la Suisse*, Lausanne, Payot, 1983.

international, ne serait-ce qu'en raison des lenteurs et complexité décisionnelles que cette pratique implique. D'où un déficit en matière de renseignements et de coopération stratégiques. D'où l'imprécision du discours politique officiel en ce qui concerne les enjeux internationaux. Cité par le *Courrier international*, le géographe Bernard de Barbieux, de l'université de Genève, a pu dire que *les frontières en dur, les postes de douanes et les douaniers ne sont plus les attributs nécessaires de nos identités collectives*. On doit *a fortiori* l'affirmer pour ce qui a trait à la simple coopération internationale au niveau des mesures sécuritaires communes.

La Suisse l'a vérifié au cours d'exercices stratégiques régulièrement organisés par le Conseil fédéral, sorte d'entraînement aux cas de crises. Leurs conclusions en témoignent éloquemment. On doute seulement que les autorités en aient tiré toutes les leçons si l'on considère le défaut actuel d'une véritable veille stratégique fédérale et le recours quasi folklorique à des *task forces* souvent superfétatoires. Sans parler d'une manie qui consiste à gérer les crises au coup par coup, à l'exclusion d'un constant leadership présidentiel. Persistant à écarter toute réforme gouvernementale qui pourrait réduire des compétences administratives personnelles, le Conseil fédéral se borne depuis trop longtemps à régir sans le souci d'une gouverne globale et anticipatrice. Il lui suffirait pourtant de savoir quand lever le nez de son guidon et laisser la Chancellerie fédérale jouer pleinement son rôle – politiquement le plus important –, celui d'un état-major coordonnateur de planification, d'organisation, de diagnostic, de pronostic et de communication. Il conviendrait aussi de généraliser dès que possible l'institution des Secrétaires d'État afin de pouvoir coordonner respectivement l'action administrative, l'action politique et l'action diplomatique, bref de renforcer la capacité de décision du système suisse. Pour cela, chaque ministre a besoin d'un *alter ego*.

Quant à l'ambition de planification globale, notait le politologue Wolf Linder il y a plus de vingt ans, elle *se heurte au pragmatisme helvétique, plus efficace à réaliser des compromis sectoriels et à court terme*[24]. Cela n'a pas vraiment changé. Pour sa part, le nouveau et 112ᵉ Conseiller fédéral Didier Burkhalter consent à reconnaître que *dans de nombreux domaines* (le fédéralisme) *peut devenir un frein* et *doit être réinventé (...) les cantons* (devant) *se poser des questions quant à leur avenir, plutôt en tant que régions*. Ultra-modéré, il donne vingt à trente ans à la Suisse pour que cela évolue. (Magazine « Construire », 09.09.2009).

---

[24] Wolf Linder, *La décision politique en Suisse*, Lausanne, Réalités sociales, 1987.

Idéologie nationale dans l'inconscient collectif ?

On ne pouvait pas ne pas rappeler ici ces références historiques et contingences politiques. Elles aident aujourd'hui encore à comprendre le combat pugnace et obstiné de la Suisse pour obtenir de l'UE des arrangements sur mesure. Motivation purement égoïste d'un État replié sur lui-même ? Le reproche serait très réducteur. Dans sa synthèse critique sur les relations entre Berne et Bruxelles[25], le professeur René Schwok de l'Université de Genève, titulaire de la Chaire Jean Monnet de l'Institut européen, souligne ce point paradoxal : *La Suisse a beau refuser l'adhésion, il n'empêche qu'elle est parfois plus intégrée que d'autres États membres de l'UE.* Et de souligner que le vieil État de droit helvétique a non seulement *battu tous les records dans l'organisation de votations populaires sur ces questions européennes – d'où une remarquable prise de conscience – mais que, par rapport à plusieurs États membres, il est souvent plus prompt à appliquer les législations communautaires découlant des deux premiers accords bilatéraux.*

On le disait déjà à propos des chartes et autres accords du Conseil de l'Europe, voire de traités et conventions des Nations unies paraphés par Berne. La Suisse les ratifiait longtemps après les avoir signés afin d'être certaine de pouvoir les appliquer, et le faire avec le soutien du peuple et des cantons, l'intendance et les arrières étant assurés. Il n'en est pas autrement aujourd'hui. La Suisse n'est pas prête à renoncer à cette façon de faire, même si elle se rend compte de la somme de patience et de compréhension que cela suppose dans le camp de ses partenaires européens. C'est pour elle une question de crédibilité. Il n'est pas de maître à penser pour le lui commander. L'Histoire et l'expérience lui suffisent, à défaut peut-être d'une perception plus sensible de l'accélération des mutations politiques.

Démocratie directe, c'est-à-dire participative, esprit républicain, pragmatisme, fédéralisme et neutralité participent donc de l'essence de ce pays, et ne font que s'invétérer au fil des siècles. Idées-forces d'une *idéologie nationale ancrée dans l'inconscient collectif*[26] ? Ce n'est pas à souhaiter s'il devait s'agir d'une doctrine, et qu'elle soit sans rapport avec les faits et la *réalité positive*. Les défis européens fournissent d'ailleurs à la Suisse d'excellentes occasions de vérifier l'adéquation de son système de fonctionnement aux conditions actuelles ou à l'histoire de demain. Si elle le veut, à elle d'en profiter. JPD le préconisait. Cet examen-là vaudrait toutes les références historiques si l'on croit, avec

---

25 « Suisse – Union européenne », Presses Polytechniques et Universitaires romandes, Lausanne, coll. « Le savoir suisse », 2006.

26 Source non identifiée.

Paul Valéry, que *l'Histoire justifie ce que l'on veut* et *qu'elle n'enseigne absolument rien, car elle contient tout et donne des exemples de tout*[27].

Reste que les événements se bousculent à vitesse toujours plus grande. La science elle-même avance à pas de géant, alors que les processus démocratiques suisses restent lents dans la mesure où ils sont consensuels et réactifs. Sans doute découragé par les effets cumulés d'une application systématique du « principe de précaution » à la française, un ancien président de l'EPFZ (École polytechnique fédérale de Zurich) avait en 1998 prévenu les partis politiques : *La démocratie et ses législations ne peuvent agir qu'avec une certaine latence dans leurs rapports avec la science créatrice comme avec une politique en perpétuel mouvement*, expliquait-il à des parlementaires un peu éberlués. Or l'intégration européenne et ses acquis contraignants posent eux aussi de graves problèmes de société qui, quels que soient leurs cadres géographiques et politiques, risquent de dangereusement dépasser ne serait-ce que la procédure législative de notre démocratie. Reste heureusement la politique dont Denis de Rougemont a dit qu'elle était *l'art d'aménager les relations humaines dans la Cité*[28]. Reste aussi cette pensée d'Héraclite qui a tant inspiré l'essayiste neuchâtelois et devrait dissuader tout politique responsable de rester sourd aux opinions contraires à la sienne : *Ce qui s'oppose coopère, et de la lutte des contraires procède la plus belle harmonie.*

La politique extérieure mais aussi la science et la technologie assujetties aux règles de quelle démocratie et de quel fédéralisme : vaste programme de réflexion puis large champ de régulation pour les générations à venir, celles qui verront naître ou/et vivront la véritable union européenne, enclave helvétique y compris. Elles auront peut-être appris à comprendre que *l'Europe dont les nations ne se haïssent plus a davantage de réalité que celle d'hier*. Ce n'est pas pour demain. La candidature de l'Islande, elle aussi membre de l'AELE, sera posée avant celle de la Suisse. Berne voudra profiter de l'expérience de Reykjavik dès l'examen de la demande islandaise de négociation... Ses lenteurs ne sont pas toujours innocentes.

Lenteur patiente et pragmatique ? Ce n'est qu'au début de 1989 que Delamuraz renversa la vapeur en remettant implicitement en cause ce qui était presque devenu une devise de la politique extérieure à l'endroit de la Communauté Européenne : « Être capable d'adhérer pour n'avoir pas à le faire » ou *Beitrittsfähig um nicht beizutreten*. C'est ainsi qu'il encouragea ses concitoyens à des *réflexions prospectives, des réflexions*

---

27 Voir aussi Margaret Mac Millan, *The Uses and Abuses of History*, Londres, Profiles Books, 2009.

28 « L'amour et l'Occident », Paris, Plon, 1939 et 1972.

qui seront marquées de notre aptitude à transformer sans cesse nos structures et nos méthodes, et à exorciser les vieux démons de la routine et des idées reçues (...). Car *il est indispensable de poursuivre notre travail d'approche par les voies largement pragmatiques que nous avons suivies jusqu'ici, étant entendu que « pragmatique » signifie sans attendre que tous les autres aient acquis le même degré de maturité.*

CHAPITRE II

Itinéraire et rencontres, ou de la force dégagée par le besoin de participer

Quand la vie de la nation est en jeu,
les peuples désirent suivre un homme
Raymond Aron

Une fulgurante ascension

Jean-Pascal Delamuraz est né en 1936 à Vevey. Il a passé son enfance au pied d'un impressionnant vignoble dégringolant vers le Léman, en petites terrasses contenues par de multiples murs de vieilles pierres, le superbe Lavaux.

L'histoire du futur homme d'État est d'abord celle d'un bambin fasciné par le paysage qui s'offre à lui quand, par temps clair, son regard le porte vers la rive sud du lac au bord duquel est planté le petit village familial. C'est, déjà, l'envie de connaître ceux d'en face, en France voisine, dont les foyers encore inconnus signalent dès le coucher du soleil des chaleurs humaines par presque autant de lumières. Pour le petit Vaudois, signes de vies étrangères sympathiques, quoiqu'intrigants.

L'autre côté est en guerre. Le jeune Jean-Pascal entend beaucoup parler des amitiés qui lient son père, décédé en 1970 – son fils a trente-quatre ans – à ces gens alors presque d'un autre monde, les Savoyards. On est empêchés de leur rendre visite, encore plus de leur prêter aide. Ouvertement du moins, car, à l'insu de l'occupant, un trafic de secours et de menus services s'organise, auquel l'armée suisse participe discrètement elle aussi. Curiosité aiguillonnée mais également sentiment confus de frustration pour le Suisse encore très jeune mais très tôt initié aux joies et mystères des contacts humains, à leurs misères aussi. Il sent la tragédie plus qu'il ne la comprend lorsque la moitié française du village de Saint-Gingolph, en face de Vevey, est livrée aux représailles incendiaires des forces nazies.

Le calme revenu dans cette Europe outragée, la famille Delamuraz connut une vie chaleureuse et paisible, tout juste animée par les soucis administratifs ou politiques d'un père notable, et les nombreux vents qui peuvent surgir de tous côtés, surtout du Nord, et agiter le lac. En tous les cas, Berne semble bien lointaine du Pays de Vaud, et les bords de l'Aare pas plus attrayants que ceux de la Limmat à Zurich, métropole que l'adolescent vaudois, joyeux drille à ses heures, trouvera plus vibrante que la capitale.

Juste avant l'armistice de mai 1945, il découvre Evian depuis le pont d'un bateau « belle époque » de la Compagnie générale de navigation, peut-être le « Montreux » (68m), l'un des huit vénérables navires – certains à vapeur et roues à aubes – qu'il ne manquera pas de barrer lui-même dans les grandes occasions, avec la complicité respectueuse du capitaine. Puis le gamin se fait montrer son « pays » en suivant le père dans une descente du Rhône jusqu'à Marseille. Son pilote, au tempérament aussi vif que celui de son fils, lui apprendra la générosité dans l'action, l'art de ne pas s'économiser, le potentiel d'une forte conviction et les vertus de l'altruisme. Cela ne peut que susciter en lui un « goût immarcescible » (dixit JPD) du service public et ce vivifiant dévouement qu'il voulait sentir autour de lui aussi, à Lausanne puis au Palais fédéral.

Sur l'un de ces bateaux « Belle-époque » amarrés aujourd'hui au quai d'Ouchy qui porte son nom, le petit Jean-Pascal découvrit Évian juste avant l'armistice de mai 1945

Aucun prestigieux lignage et nulle brillance académique ne destinent ce premier de classe à devenir l'un des sept « sages » du Palais fédéral ; son extraction politique elle-même n'annonçait pas qu'il puisse devenir un acteur suisse de la scène européenne. Ce n'est pas non plus parce qu'il aide son syndic de père à formuler des idées de discours – pour la Fête nationale – qu'il va forcément lui succéder un jour !

1957. Le Bureau de l'AGE prépare le « Manifeste de Grenet », la première fois en Suisse qu'une association générale d'étudiants fait une proposition pour développer une démocratisation de l'enseignement supérieur. De gauche à droite : Nicolas Stoll, Philippe de Vargas, Jean-Pascal Delamuraz, Corinne Mojonnier, Gabriel Fragnière

L'adolescent prend cependant des responsabilités témoignant d'emblée de sa *soif de connaître les gens et les choses*. C'est tout d'abord – il a près de vingt ans – la présidence de l'Association générale des étudiants (AGE) de Lausanne, avec à ses côtés, notamment le vice-président Gabriel Fragnière, futur recteur du Collège d'Europe et l'un de ses premiers complices européens, François Couchepin, futur Chancelier de la Confédération, François Masnata, futur professeur à l'Université de Lausanne et Jean-Paul Chapuis, futur directeur de l'Association suisse des banquiers. Puis, c'est sa participation active à la réorganisation de l'Union nationale des étudiants de Suisse (UNES), notamment sur le plan des relations internationales, en particulier avec l'Algérie. Cela lui valut, à lui et à ses « complices », quelques lignes lourdement suspicieuses dans le fichier de la Bundespolizei.

Quoi qu'il en soit, il empoigne souverainement la direction des travaux du bureau exécutif de l'AGE, dont il affirme progressivement la vocation syndicaliste. Pour preuve, entre autres, l'article qu'il signe fin 1958 dans les « Voix universitaires » (VU), organe bimensuel de l'Association vaudoise et de la Fédération des étudiants de Neuchâtel, dans lequel il pose le problème de la situation économique de l'étudiant-soldat qui, en service, ne touche alors que Frs 1,50 par jour, soit *la plus faible prestation de la caisse fédérale*. Le futur capitaine à l'armée s'en émeut. S'agissant d'une troupe de milice, il se préoccupe autant de la condition des soldats que de celle des cadres futurs, soit d'étudiants qui ne peuvent pas toujours compter sur le soutien financier de leur famille. Cela suffit pour que le jeune bourgeois commence à planter ses premières banderilles sur le garrot du conformisme helvétique, sans passion ni agressivité mais avec l'assurance d'un jeune loup bigrement habile.

Son appel protestataire est bien calculé : les Chambres fédérales sont sur le point d'amorcer la révision de la loi sur l'allocation aux militaires pour perte de gain. De son côté, l'UNES vient d'adresser au Conseil fédéral un message pressant qui propose *la même thérapeutique*, une rémunération équitable pour *le sacrifice* que consentent ceux qui acceptent de *faire du grade*. Cela ne retient pas JPD de ménager les camarades-étudiants *dont l'idéologie antimilitariste est trop fondamentale pour qu'ils l'abandonnent sans torture* (*sic* !). À l'époque, jusqu'au niveau du corps professoral et en lettres surtout, les idées communistes ont assez largement la faveur des milieux universitaires, annonciatrices, selon CF Ramuz, d'un *grand printemps* à l'Est. Y contribuent de près un brillant écrivain et professeur de grec, en particulier au sein du cercle des « Amis des Lettres françaises » et, de loin, l'influence innocente d'un André Gide. Surtout, il y a le souvenir du rôle des communistes dans la Résistance puis dans la libération de la France. On ne connaît pas encore toutes les raisons qu'a le nouveau Secrétaire général Khrouchtchev de préparer une « déstalinisation » en bonne et due forme.

Or donc, le président de l'AGE veut être le président de tous les étudiants, de gauche comme de droite et des champs comme des villes, d'où sans doute aussi sa non-appartenance à l'une des classiques sociétés d'étudiants, qu'elle soit de tendance radicale, d'inspiration catholique, neutre ou plutôt libertaire, voire gratuitement contestataire. Dans la période de doutes intellectuels qui suit les événements de Hongrie en 1956, esprit de concordance et recherche d'objectivité priment aux yeux de JPD. Son message présidentiel vise aussi les parlementaires vaudois ainsi que le ministre suisse de la Défense, un radical vaudois dont il occupera le fauteuil vingt-sept années plus tard, solide magistrat dont il admirait le bon sens, la dignité... et la cordialité toute vigneronne, Paul Chaudet. Il avait appris de lui qu'*il est moralement pénible de vivre à l'écoute de pronostics à peine articulés, d'observer les signes avant-coureurs d'une attaque qui viendra par la bande et qui vous atteindra alors que vous serez peut-être dans l'euphorie d'un résultat positif récemment acquis*[1]. Il s'en souviendra sans doute en 1992.

À retenir aussi, en cette époque bénie des sirènes communistes, la réserve prudente de Delamuraz à l'endroit du « Mouvement démocratique des étudiants ». Le futur ministre est animé d'une fermeté égale à sa volonté de trouver des solutions respectueuses des libertés individuelles. Il veut bannir toute politisation de la position estudiantine. Il sait commenter de manière équilibrée mais claire la décision de l'Assemblée des délégués de l'AGE de renoncer à une participation officielle de l'UNES au Festival de la Jeunesse à Vienne en 1959. Non pas qu'il veuille d'emblée condamner une organisation réputée communiste, mais *pour la seule raison que l'apolitisme (indispensable) de notre association a pour base le respect de toutes les opinions personnelles*, et qu'il n'est pas question d'aller *brandir l'étendard de tous les étudiants lausannois dans une manifestation propagandiste dont les positions sont marquées d'avance, et dont les relents politiques (...) feront toute l'atmosphère*. Donc : non au Festival communiste... mais pas *non plus de pierres ou d'injures*. Le message des VU est clair.

Lorsque JPD quitte l'AGE en 1959, les VU rendent hommage à celui qui, *en œuvrant sur le plan local, (...) n'a cessé d'agir à l'échelle nationale*, celui qui savait *ne pas viser un objectif syndicaliste avec l'étroitesse d'un doctrinaire fanatique*, celui qui *s'était attiré l'estime et la sympathie des autorités sans lesquelles les étudiants ne peuvent rien obtenir*, celui qui, en toute collégialité déjà, voulait *pratiquer la diplomatie ouverte*, enfin le président dont *le pouvoir incontesté* avait œuvré en faveur d'une union des étudiants *afin que leur influence dans la vie de la nation soit toujours plus effective*. On pouvait déjà sentir que l'action politique lui était comme une nécessité biologique.

Henri Rieben, son initiateur puis son collègue

Ce n'est donc pas incidemment que Delamuraz est tôt remarqué en plus ou moins haut lieu, pas étonnant qu'on fasse appel à lui, au printemps 1958 – il a 22 ans –, pour siéger au sein du Comité d'organisation de l'Exposition nationale de 1964 (elle a lieu tous les 25 ans environ), en tant que membre de l'AGE qu'il préside et de représentant de l'UNES. Il en fut félicité dans les « Voix universitaires ». Comme

---

[1] Paul Chaudet, « Conduire ou subir », Lausanne, NRL, 1968.

aussi le professeur Henri Rieben, alors titulaires dès 1953 de la première chaire d'intégration européenne au monde, lorsqu'on le nomma membre du Comité directeur de cette même grande manifestation. (Cette chaire est revenue à l'Institut européen de l'Université de Genève). Ces congratulations soutenues au sympathique jeune professeur s'accompagnent tout naturellement d'un hommage à l'auteur de la petite brochure *La Suisse et l'Europe*, façon d'encourager *tout étudiant à comprendre*, démontrent les « VU », *où se trouve l'unique chance de la Suisse de ne pas devenir un pays sous-développé en manquant la révolution scientifique et industrielle la plus grande de l'histoire : c'est-à-dire dans une perspective d'intégration européenne.*

Henri Rieben et J.-P. Delamuraz se connaissaient bien ; ils œuvrent maintenant de concert. Tous deux représentent les intérêts de la jeunesse dans la préparation d'une des dernières manifestations nationales où l'on osa encore dire, tout en s'interrogeant, beaucoup de bien de son pays, de ses institutions, de son fonctionnement et de ses succès. Le futur syndic de Lausanne fut aspiré ultérieurement à la direction générale de l'Expo 64 où il trouvera son premier emploi fixe dans le secteur privé, son dernier aussi avant de devenir un professionnel de la politique. Il y déploya ses talents d'organisateur, d'observateur pointilleux et de cordial intermédiaire mais aussi d'escorte, de chauffeur de car et de tour-opérateur occasionnels, tout en étant présent sur tous les fronts. Le futur ministre suisse de l'Économie garda un souvenir si vivant de cette aventure que, un quart de siècle plus tard, il lance, presque seul, le projet de la première Exposition nationale du nouveau millénaire, celle de 2002. Il en fut le pilier, sans devoir et sans pouvoir en assumer toute la responsabilité. Son décès en 1998 l'empêcha de l'ouvrir et de la visiter, alors qu'il y était attaché comme à l'un de ces « grands projets » qu'il voulait offrir à la Suisse.

Plutôt que le droit – trop conventionnel ? –, JPD choisit de faire ses études académiques à la nouvelle faculté des Sciences sociales et politiques de l'Université de Lausanne, avec une option en Hautes études commerciales (HEC). Il a auparavant fréquenté le gymnase scientifique plutôt que le gymnase classique pour ne pas être tenté, redoutait son père, par une charge pastorale sous des influences plus littéraires ou en raison de sa disposition – très vaudoise – au cérémonial rituel, aux pompes républicaines et à la *leitourgia*[2] grecque. La Science politique donc, parce que cela correspond à sa sensibilité et à sa prédisposition civique, non parce qu'il prévoyait que *ce serait ma vie*. À l'Alma mater de Lausanne, l'un de ses enseignants n'est autre que le même Henri Rieben, professeur à qui Jean Monnet confia en 1978 la présidence de sa

2 Service public.

« Fondation pour l'Europe », lieu accueillant de réflexions, de recherches et de rencontres visant à rapprocher l'Europe des citoyens. Signe augural du destin ? On peut l'imaginer. Syndic[3] de la petite bourgade de Paudex – ce n'est pas rien dans les communes bernoises et vaudoises – c'est cependant son père le premier qui lui transmet par l'exemple le goût de l'ouverture vers le monde extérieur, vers la France meurtrie d'abord, une France si proche et familière qui, les circonstances et la proximité aidant, devient un peu sa seconde patrie.

Ceux qui l'ont côtoyé dans les enceintes universitaires ou dans les réunions estudiantines sont spontanément séduits par son tempérament de leader combatif et son talent de rassembleur, mais aussi par sa joviale faconde. Pour quel destin ? Son sens de l'organisation, développé à l'armée, pourrait faire de lui un chef militaire – il n'est pas insensible aux solennités martiales ; son inclination à l'accommodement conciliant – en quelque sorte sa plasticité –, un diplomate de haut vol ; ses envies de grand large, un capitaine au long cours ; son goût d'une écriture stylisée et nette à l'œil, un éditorialiste ou... écrivain public. Il n'a, plus tard, jamais été attiré par l'usage de l'ordinateur et Internet ; il préférait prendre son « calame », ne manquant en aucun cas au devoir de répondre lui-même à tout courrier personnel, ou de dessiner puis décocher des messages exclusifs de son écriture fluide et harmonieuse quoique acérée. Qui sait, il aurait pu devenir poète s'il n'avait voulu donner vie à son poème. On imaginait au pire qu'il puisse courir en Formule 1 tant est forte – parfois inquiétante – sa prédilection pour la vitesse, au volant d'une mécanique qui en veut... Mais la solitude à bord aurait tristement manqué de convivialité, et il préférait de loin les valeureux marins du mauvais temps aux automobilistes du dimanche.

JPD aime d'abord la fulgurance dans l'action, déjà soucieux de battre le fer encore chaud et d'atteindre la cible à temps. Talleyrand ne souhaitait-il pas chez l'homme d'État de qualité *l'esprit de discernement qui choisit le temps et les moyens* ? À cet égard, qu'il s'agisse de se faire informer, mettre en garde ou conseiller dans le choix des moyens, il préfère la collaboration humaine dans le cadre de son équipe, à l'étude solitaire de dossiers glacés et culpabilisants. Il courtise une vie trépidante en mesurant son pouls sur l'échelle de Richter. Il ne prise guère les affaires courantes quand elles ne se nourrissent que d'un juridisme étroit, d'un souci insipide du quotidien ou de la seule préservation de l'acquis. Il ne conçoit en tout cas pas la recherche d'une solution sans passer par les personnes concernées ou jugées compétentes, rechercher avec elles la solution la plus raisonnable, à tout le moins la voie d'une avancée concordante. Mais il souhaite aller vite en besogne car ne

[3] Maire.

souffre pas qu'on lui brûle la politesse. Cela ne le dispense pas d'alimenter ses tiroirs d'affaires en suspens, celles dont il pressent que le temps suffira à les résoudre, ou qu'il ne sait comment aborder, ou encore qu'il préfère ignorer avant de bien savoir où commence l'engrenage. Il aime être étonné s'il en est que mieux averti. Mais il déteste être surpris si cela doit le mettre devant le fait accompli, dépassé donc en mauvaise posture. Au moment de quitter la syndicature de Lausanne pour compléter l'Exécutif cantonal, il eut ce mot de reconnaissance pour les membres du Conseil communal de Lausanne : *Je vous suis redevable d'une alacrité, d'une alacrité, je crois, indispensable à l'accomplissement de toute mission politique.* De fait, il incarnait cet enjouement dans l'action comme dans les relations humaines. Chez lui, pourtant, le pessimisme le disputait curieusement à l'optimisme. Selon que son moral était à la hausse ou à la baisse, les impossibilités devenaient simples difficultés, ou celles-ci tenaient de l'impossible. C'était son côté mélancolique.

Le choix du parti, pour un cursus politique classique

Ce besoin qu'il a de tenir la barre, même doucement – sur les lacs de son pays comme sur les mers lointaines –, une sensibilité vivement au service de son intelligence et cette impatience de tous les instants contribuent beaucoup à la rapidité de ses succès politiques personnels. Cela n'aurait pourtant pas suffi : sa longue carrière, il la doit, outre une chance fidèle, à son autorité rayonnante quoique parfois orageuse, à son savoir-faire intuitif plus qu'à son érudition, à son étonnante capacité de synthèse, au ton de sa musique plus qu'à sa musique, enfin à son intuition cartésienne plus qu'à ses connaissances spécifiques. Il ne s'est jamais comporté en technocrate, et ne le pouvait pas. *J'ai choisi un peu par hasard*, confiait-il à un magazine romand, *un peu par instinct, la voie politique, un des derniers métiers de généraliste*. On précisera qu'il fut un généraliste de terrain et, suivant en cela son compatriote Alexandre Vinet[4], préférait la liberté à la tranquillité, *car la liberté c'est la vie et la servitude c'est la mort*. En vérité, son choix n'était pas dû au *hasard* mais à sa volonté d'être utile à son pays, à sa passion du service public.

Son parti pris politique ? Ni son origine modeste – elle l'inciterait plutôt à montrer une aimable déférence pour les bonnes familles, vaudoises et lausannoises en particulier – ni sa fibre d'humaniste ne l'en dissuadant, il fait en sorte de vite devenir un membre hyperactif du vieux parti radical vaudois. Comme Papa, mais en plus ambitieux, tout naturellement.

---

4 Théologien protestant et professeur de littérature, au 19e siècle à Lausanne.

Quoique visant le centre, le choix est relativement bourgeois et conventionnel. Primo parce que le parti radical est à l'origine de la Constitution suisse de 1848, celle de la démocratie fédérative d'aujourd'hui. Secundo, de 1848 à 1891, vingt-neuf conseillers fédéraux radicaux ont régné sur le pays en maîtres absolus. Tertio, les radicaux ont, jusqu'ici, toujours été représentés au Conseil fédéral, l'un d'eux étant presque toujours latin et, dans la plupart des cas, Suisse romand. Quarto, parce que cette grande force politique a puissamment influencé la vie politique du pays jusqu'en 1959, date à laquelle une « formule magique » toujours en vigueur fit des socialistes des partenaires à pleins droits d'un exécutif quadripartite, avec les catholiques conservateurs et les « Paysans, artisans et bourgeois »[5], dissidence radicale de droite. Quinto, l'un des sièges latins est longtemps et presque traditionnellement revenu à l'État de Vaud, le 14e et dernier siège vaudois depuis 1848 ayant été conquis… par un certain Delamuraz. (Autre signe helvétique de stabilité, un ministre peut durer de 5 à 25 ans en moyenne, soit en général deux législatures, si possible pour deux présidences de la Confédération). Sexto, des décennies durant, on n'était pas notable de ce canton sans être radical[6], que ce soit syndic de ville, préfet, conseiller d'État, juge cantonal ou fédéral, rédacteur en chef du plus grand quotidien local, directeur de l'hôpital cantonal, président de la Banque cantonale, commandant d'un corps d'armée ou de la gendarmerie. La pratique de la cooptation en multipliait les retombées, comme au sein de ces vieilles fondations aux réseaux internes bien huilés, à l'abri de toute intrusion inconvenante.

Mais attention, ce grand, riche et beau canton est aussi celui dont l'hymne célèbre *les droits de l'homme (...) et l'amour des lois*, en souvenir ému de l'ordre bernois et du bonapartisme, mais aussi, croit l'historien du canton, comme petite référence à l'Ancien Testament. Ce terreau cantonal est riche d'histoire. Dans la perspective actuelle, celle de l'intégration européenne, on retiendra – sans ironie facile – que c'est l'influence radicale qui fit que les cantons renoncèrent, il y a plus d'un siècle et demi, à beaucoup de compétences en politique étrangère, défense militaire, contrôle douanier et politique monétaire. Par la suite, les ancêtres coreligionnaires de JPD furent les champions de la composante fédéraliste de la Constitution fédérale, c'est-à-dire un peu plus respectueux des souverainetés cantonales.

Cette parenthèse rétrospective étant fermée, on peut croire Delamuraz lorsque, pour expliciter son ralliement, il concède que le parti radical (démocrate, égalitaire, libéral mais à nouveau passablement centrali-

---

5 La future UDC/SVP.

6 « Histoire du Pays de Vaud », Le Mont-sur-Lausanne, L.E.P. 1991.

sateur) offrait la seule tribune lui laissant une si grande liberté d'expression, avec un large spectre d'opinions et de perspectives, du centre gauche (en Suisse romande le plus souvent) à la droite dure (d'ordinaire zurichoise et de Suisse centrale) qu'il affectionnait peu. Le parti radical n'est plus aujourd'hui *le parti officiel et populaire du Pays de Vaud*[7] ; il n'est donc plus au bénéfice de ces exclusivités confortables, mais finalement laudanum insidieux.

De fait, son parti le laisse vite user d'un altruisme chevillé au cœur, d'une gaieté parfois tapageuse, d'une franche promptitude à nouer des amitiés urbi et orbi mais aussi à choisir des priorités, au total d'un charisme et d'un goût de l'engagement assez ravageurs. Le compte est très bon ; il est même exceptionnel dans un canton où l'on tolère mal les têtes qui dépassent ostensiblement, où l'on aime s'abandonner au chagrin, où l'on préfère la nostalgie consolante à la joie décapante, *l'infinie prudence renouvelée dans l'humaine prudence* à toute prise de risque « fatalement » vouée à l'insuccès, où l'on choisit facilement le non-dit de bois plutôt que le verbe compromettant. Un révolutionnaire vaudois l'apprit à ses dépens. *Patriote sans patrie*, le major Davel finit sur le billot... pour n'être officiellement réhabilité que deux siècles et demi plus tard. Il voulait libérer ses compatriotes d'une domination bernoise en réalité mieux que supportable.

Somme toute, une évidente prédisposition à la politique, Delamuraz l'a, sans avoir à se hisser sur le pavois. Une destination gouvernementale au plus haut niveau, pas forcément, sauf qu'il possède un sens presque inné de l'État, y inclus ses signes extérieurs d'autorité à condition qu'ils ne le contraignent ni ne le singularisent. Un destin d'acteur européen ? Ni son choix politique initial ni son attachement à l'universalité des relations extérieures de la Suisse ne l'y préparaient de toute évidence et ne lui promettaient le *chemin exaltant* qu'il chanta plus tard. Il aimait chanter jusque dans son bureau.

En 1965, sitôt parvenu à son premier podium politique, le Secrétariat général de son parti cantonal, on le voit déjà « venir » et accéder à des honneurs – et plaisirs – supérieurs. Il n'occupe pourtant que le premier poste public où déployer ses capacités de négociateur – rassembleur – organisateur. Et comme cela ne lui suffisait pas, il ose quitter ses bureaux du chef-lieu cantonal – non sans plaisir – pour quérir et obtenir de larges soutiens dans les campagnes profondes qu'il aime. Un coup de fouet à son parti qu'on n'oubliera pas.

Comme si c'était nécessaire, tous ceux qu'il a déjà conquis – amis, journalistes, tiers – passants, futurs collègues, chefs militaires – lui font comprendre qu'il ne doit pas s'arrêter en si bon chemin, mais poursuivre

---

[7] *Ibid.*

gaillardement sur sa joyeuse et prometteuse lancée. Le tout premier – et qui compte – est celui à qui il devait, en 1984, succéder au Conseil fédéral, Georges-André Chevallaz, historien dont il fut le fidèle lecteur, ancien professeur d'histoire diplomatique à l'Université de Lausanne puis Syndic de ladite ville. Son aîné d'une vingtaine d'années, il fut son père spirituel, puis, sans visée personnelle, son impitoyable pourfendeur lorsque JPD s'avisera, dès 1991, de relancer l'idée stratégique d'une adhésion de la Suisse à l'UE (voir chapitre III).

Auparavant, créditée de qualités largement reconnues, l'étoile montante franchit aisément les étapes prévisibles de Conseiller communal (législatif) de Lausanne[8] (1966-1969), de Municipal (exécutif), directeur des travaux public de la ville (1970-1973), et enfin de Syndic du chef-lieu vaudois sept années durant (1974-1981) – largement le temps d'y affirmer son autorité et d'en prendre conscience –, avant de devenir membre du Conseil d'État à la tête du département cantonal de l'agriculture, du commerce et de l'industrie, de 1981 à 1983. De 1974 à 1981, il est membre du Comité des Pouvoirs locaux et régionaux du Conseil de l'Europe. Il est Conseiller national dès 1975 jusqu'à son élection – annoncée ! – en mars 1984 au gouvernement fédéral à Berne à l'âge de 48 ans. Il prend la tête du ministère de la défense pour deux années avant de devenir – en partisan convaincu d'une économie libéralisée mais soucieuse du bien commun – l'indétrônable chef du Département fédéral de l'économie publique (DFE) jusqu'à sa démission fin 1997 pour raisons de maladie. (Dans d'autres États, ce ministère représente à lui seul plusieurs maroquins, autant d'homologues étrangers à qui parler : formation professionnelle et technique, travail, chômage, agriculture, logement et toutes affaires économiques intérieures et extérieures, au total un fond de commerce lourd et divers). JPD accroché aux pouvoirs ? Plutôt captivé. Séduit par la cour des grands ? Surtout conscient de l'intérêt qu'il y a à devenir, année après année, un « ancien », voire un doyen des scènes internationale et nationale.

À la fois ministériel et résolument humain, JPD étonne et détonne, dans son canton surtout. Son mérite – et tout un art – est cependant de ne pas déranger, sauf ceux de ses rivaux potentiels qui, avec leurs airs de magistrats gourmés et la loi en bandoulière, se promettent solennellement à des carrières plates et chromées. JPD ne cherche pas à impressionner par une autorité dogmatique. Jamais compassé, il n'ennuie pas ; d'emblée affable, il met à l'aise puis s'impose, avec élan, vivacité, et un plaisir évident d'être et de faire. On lui pardonne presque tout, y compris des comportements ou des goûts qu'on ne s'attend généralement pas à trouver chez un magistrat fédéral : envies d'amitiés, humeur far-

---

8 Aujourd'hui environ 130 000 habitants.

ceuse, jeux de mots en rafales, main sur le cœur à Washington, pratiques de l'accolade arabe et de l'embrassade russe, colères en coup de poing, talent d'imitateur, tutoiement rapide en guise de lubrifiant social. À la rigueur, on s'étonnait de la finesse très éclectique de ses préférences gastronomiques comme de ses exigences dans le choix de grands crus, blancs et du Dézaley, exceptionnellement français, valaisans ou neuchâtelois. Il n'a simplement pas oublié d'être aussi un gourmet. Il n'y avait pas deux personnages en JPD ; l'homme et le magistrat ne faisaient qu'un en toute congruence, aucun ne jouant la comédie à l'autre ou s'en désolidarisant. Il s'assumait et attirait d'autant le regard. Au total, pas de quoi tirer le genre de portrait à oublier sur la cheminée.

Quel souvenir garde-t-on aujourd'hui de cet homme fidèle à lui-même ? D'abord celui d'un bon vivant – parfois mélancolique – qui aimait cultiver les relations humaines à quelque niveau que ce soit. En dehors des « pros » de la « petite reine », il n'aimait pas l'exercice physique pour le plaisir. Le culte de l'amitié était son sport préféré. Il le pratiquait aussi naturellement que la respiration, mais joyeusement. Avec ses interlocuteurs, l'humour direct lui servait souvent d'entrée en matière comme aussi quelque geste complice. En bon conteur, il évoquait volontiers des souvenirs communs. Inspirée quoique parfois calculée, sa cordialité était contagieuse. Elle pouvait avoir pour effet de neutraliser ses vis-à-vis dans ce que leurs intentions avaient de délibérément négatif ou interrogatif à son adresse, jusqu'à créer un halo affectif atténuant la clarté de leurs messages ou la dureté de leurs desseins. S'il ne le faisait pas lui-même, il appartenait à ses témoins silencieux de décrypter des réactions apparemment sympathiques mais plus très significatives. Le concert des éclats de rire pouvait couvrir des notes discordantes et même un échange de promesses dont le suivi n'était pas assuré.

Tout cordial qu'il était avec chacun, JPD s'affirmait en chef exigeant et rigoureux. Attentif aux détails et très prévoyant, il n'était pas intransigeant, ou alors davantage pour des questions de forme que pour celles de fond. Sa capacité de travail était au moins aussi forte que celle qu'il attendait de ses collaborateurs. À la fois lève-tôt et couche-tard, il savourait autant les aubes prometteuses que les longues soirées lorsqu'elles lui offraient l'occasion de déguster la compagnie d'amis et de fins mets raffinement arrosés. Quelques petites heures de sommeil et il retrouvait son ardeur au travail, le plaisir d'une nouvelle journée ministérielle. Loin d'être improvisée, cette journée était pensée, organisée et préparée avec une minutie tout arithmétique. Il ne partait jamais au combat sans munitions et ravitaillement, sans non plus savoir où il allait mettre les pieds, vers qui, comment et pour quoi. Au retour d'un déplacement mais sur le chemin du retour seulement, il lui arrivait en revanche de décider d'une visite impromptue chez un « copain » ou une vieille connaissance qui lui manquait, souvent un vigneron ou un paysan, parfois un artiste. Car il était amateur d'art, ainsi qu'en témoignait le décor de son bureau, celui d'œuvres picturales ou sculpturales généralement fortes et flamboyantes ou d'un non-figuratif surprenant. Toujours plus passionné de musique, il s'offrait lui-même une écoute de ses airs favoris, des concertos les plus classiques quoique inattendus à une anthologie de la chanson française. Il se sentait ainsi plus à l'aise et mieux disponible qu'il ne pouvait l'être au milieu d'un public qui n'aurait pas su ignorer la présence d'un mélomane aussi populaire. *Si le temps m'est actuellement compté, il m'en reste quand même suffisamment pour gambader, pour rêver*, confiait-il à *L'Illustré. Gambader intellectuellement s'entend.* Il n'appréciait pas du tout les vertus de la marche.

Arthur Koestler a écrit que la libido politique représente le besoin de l'individu de s'identifier à une idée ou à un ordre de valeurs incarné dans une communauté[9]. Il y voyait la force dégagée par le besoin d'appartenir. Dans le cas de JPD, on peut généreusement positiver : loin d'être une aspiration contemplative ou une exaltation incontrôlée, son besoin de s'identifier à une communauté est avant tout un besoin de participer activement à sa vocation et à son devenir. Sans excès ni fixation. Sa forte libido s'applique à l'action politique ; elle est soutenue par une volonté indéfectible de répondre à des questions essentielles et de s'engager personnellement dans la recherche de solutions utiles au plus grand nombre, dont lui-même. Et cet engagement ne pouvait que s'intensifier avec son degré d'appartenance, d'une appartenance évidemment satisfaite.

Aucune rencontre fatidique

Que ce soit dans sa période ascensionnelle ou dans les années où il participe au pouvoir, aucune circonstance si ce n'est peut-être la fin de la Seconde Guerre mondiale, aucune rencontre fatidique ne le décida à se rallier d'un coup à la cause de Churchill puis de Jean Monnet, si ce n'est sans doute l'exemple de son père et l'influence – toute réciproque – de quelques amis ou interlocuteurs privilégiés au nombre desquels on peut citer d'abord Henri Rieben, des journalistes comme Pierre Béguin (rédacteur en chef de la *Gazette de Lausanne*), l'écrivain et professeur Jacques Mercanton, *un esprit européen*, reconnaissait-on à Paris. Il se fit aussi un ami sûr et proche du chancelier allemand Helmut Kohl, au-delà de toutes considérations partisanes. Riches de complicités spontanées furent aussi ses relations avec Michel Roccard et le Portugais Mario

---

9 « Petit guide de névroses politiques », Revue *Encounter* et *Preuves*, 1954

Soares, l'homme de la « Révolution des œillets ». Mais aucune « rencontre » n'a véritablement joué, à notre connaissance, un rôle déterminant dans la naissance puis dans le façonnement de la vocation européenne de Jean-Pascal Delamuraz. À la rigueur, il pouvait vampiriser des partisans par trop pusillanimes ou plus « suivistes » que convaincus ; mais il n'était lui-même pas du genre à se le laisser faire. Cela dit, on observera qu'entre la fin des années 1980 et le début des années 1990, son action fut marquée par un virage relativement net en faveur d'une accélération du processus suisse d'intégration européenne. Automotivation personnelle ? En partie sans doute. On ne peut non plus exclure qu'il ait été impressionné, au cours de ses nombreuses missions en Europe, par la fréquence et l'insistance des encouragements extérieurs en faveur d'une adhésion de la Suisse à l'UE. Son esprit d'ouverture le soutenant, il n'en fallut probablement pas davantage pour qu'il se sentît autorisé à relativiser un peu la gravité et l'immunité du particularisme helvétique. Ce n'est en tout cas pas son collègue René Felber qu'il l'en aura dissuadé. Aussi pondéré qu'il fût, le soutien de principe du Conseil fédéral a fait le reste.

En vérité, personne ne devait ou ne pouvait, s'il en était besoin, le forcer à franchir le Rubicon, cela indépendamment du fait que sa nature le pousse à entraîner, s'engager ou convaincre, non à se laisser brider ou « emballer ». D'abord parce que sa vocation européenne participe d'une conviction de cœur et de sentiments foncièrement humanitaires, et qu'une telle foi ne se façonne pas de l'extérieur. Ensuite parce que Delamuraz a grandi avec la Communauté européenne. En cordial humaniste et comme enlevé par le courant, il sent en lui-même qu'il doit et peut apporter sa pierre à l'édification d'une Europe idéale, *celle*, comme le proclamait l'académicien Jean Guitton en 1983 à Dorigny *où la chair serait subordonnée à l'esprit et où l'esprit serait ordonné à l'amour*. Et tant pis si *le but est impossible*, du moment qu'il est *suprême*[10]. JPD fonctionnait ainsi ; il avait depuis longtemps l'Europe vissée au corps, mais tout de même pas martel en tête. Enfin, sans avoir connu la guerre ni de près ni de loin, il doit à son éducation et à sa capacité d'empathie d'avoir appris à mesurer la paix. C'est ainsi qu'il partagea spontanément la certitude tragique du Chancelier allemand que l'intégration était la seule voie à suivre si l'on voulait éviter une nouvelle guerre en Europe. Les messages de Churchill, d'Adenauer, de Kohl et Mitterrand étaient passés : *l'Union européenne est d'abord un projet de paix.*

Il faut savoir aussi qu'en ses quinze longues années de gouvernement, le ministre ou président Delamuraz fit plus d'une centaine de visites dans les capitales du monde, dont une cinquantaine en Europe,

---

[10] *L'Europe de l'esprit*, Dorigny-Lausanne, coll. Fondation Jean Monnet, 1985.

créant un très précieux réseau d'amitiés, à tout le moins de contacts personnels. Au nombre de ces rencontres, on citera évidemment celles qu'il eut avec Jacques Delors, l'homme qu'on appelait, en Suisse aussi, le *grand Timonier de la construction européenne.* (On les évoquera aussi au chapitre III). Retenons ici que l'ancien Président européen n'a, de son propre aveu, *jamais cherché à sonder l'idéal européen de son interlocuteur suisse, moins encore à le pousser dans ses derniers retranchements.* Bien conscient de l'inconfort de la position d'un Conseiller fédéral qui va un peu plus vite que son opinion publique et se retrouve en porte-à-faux par rapport à certains de ses pairs, Delors s'est abstenu de tout prosélytisme déplacé. De même que JPD avait, selon lui, une *manière simple* de parler de l'Europe, Delors avait un souvenir simple de la vision européenne du ministre suisse : *deux idées très fortes, l'union fait la force et les Suisses sont des Européens*[11].

Une dernière touche au portrait de cet acteur itinérant de la scène européenne : sans oser le clamer, ni à Bruxelles ni à la face des nombreux eurosceptiques de Suisse alémanique et moins encore le confier à un successeur manifestement moins pressé d'amener son pays à l'Europe, JPD partageait cette rare conviction, celle de l'écrivain suisse Denis de Rougemont, d'ordinaire sarcastique ou philosophe mais, là, poétique : *La Suisse est le pays dont je souhaite le plus qu'il communique sa grâce très secrète à l'avenir européen*[12]. Jean-Pascal Delamuraz en rêvait, en particulier quand il revenait sur ses terres, trop accroché à ses racines pour s'en dispenser.

Il décède le 4 octobre 1998 à Lausanne, des suites d'un cancer tenace, non sans avoir déjà souffert, en 1992 d'une insuffisance cardiaque, en 1995 d'une hernie inguinale nécessitant opération, à la fin de la même année de dysfonctionnement d'une valve cardiaque et, deux ans plus tard, dès juillet 1997, enfin, d'une tumeur maligne. Déjà tout naturellement touchés par les derniers soubresauts de son action politique, une épouse, un fils et une fille en sont cruellement atteints. Hélas pas très surpris, mais douloureusement sidérés. Personnellement, nous en vînmes à nous demander, à l'issue d'un surprenant échange de vues sur notre attente de la mort, si quelque « funèbre appétit » n'était pas devenu le revers de son plaisir de vivre. On l'a dit d'autres personnages cherchant à toujours devancer leur destin. Dans le cas particulier, cela pourrait expliquer sa pratique presque rituelle du « rire exorcisant » dont parle l'ambassadeur de Roumanie à Paris dans son ouvrage *Le rire des patriarches.*

---

11 *L'Hebdo*, octobre 1998.

12 Denis de Rougemont, *La Suisse ou l'histoire d'un peuple heureux*, Paris, Hachette, 1965.

Cette succession de coups à sa santé ne l'avait pas empêché d'être réélu Président de la Confédération fin 1995 et de l'avoir voulu, puis, surtout, de tenir le coup et d'assumer jusqu'à fin mars 1998. *La fonction de membre du Conseil fédéral exige du tonus*, écrit-il dans sa lettre de démission au Président de l'Assemblée fédérale (...) *Je ne suis pas certain de pouvoir en disposer à long terme*. Il exprime enfin sa gratitude à tous ceux qui l'ont aidé *dans sa tâche fascinante, en particulier aux institutions internationales auxquelles j'ai contribué à coupler la Suisse*. Il se savait à bout de force. Il avait mis déjà trop de temps à le reconnaître, puis à l'accepter. Jean-Pascal Delamuraz est mort sachant qu'à son corps malgré tout défendant, la *grâce secrète* de la Suisse ne serait pas transmise à l'Europe avant longtemps, ou alors par contractions désordonnées.

Il est des (petits) pays qui sont extraordinairement privés d'« événements ». L'étonnant est de voir que, loin de se plaindre de cet état de chose, constatait le romancier CF Ramuz, *ils s'en félicitent. Pour toute espèce de raisons, historiques ou autres, ils ont tellement perdu l'habitude de l'événement qu'ils ont fini par ne rien craindre autant que sa venue ou son retour. On voit qu'ils se sont peu à peu (et inconsciemment) organisés, soit pour supprimer l'événement, en effet, soit pour n'avoir pas à en tenir compte (et aussi bien l'événement intérieur que l'extérieur) – par de la patience, par du silence, par une cohésion collective dont la force est utilisée à ne pas voir, à ne pas sentir et à user l'événement par cette passivité même* (extrait de « Remarques »).

Craintif et passif, JPD ? Donnons-lui la parole : *Je ressens une immense joie à vivre des événements toujours renouvelés sous l'effet d'une capacité d'inventer, de modifier qui est considérable, extrêmement véloce. Sujet de joie parce que cela signifie découverte, élargissement des horizons, ouverture, ce dernier concept étant pour moi un maître terme dans la mesure où nous avons connu, à des degrés divers, de l'obscurantisme, de la fermeture, du cloisonnement. Je ressens en même temps du désarroi, de la crainte, quelques fois de l'angoisse*[13].

[13] *24Heures*, 1990.

De Rome : « Questions à Jean-Pascal »

Fabrizio SABELLI

Anthropologue et écrivain

L'histoire de tes vicissitudes politiques, que mon ami Daniel Margot a résumée avec beaucoup d'élégance et tant d'amour, a soulevé dans mon petit cerveau d'anthropologue fatigué, cher Jean-Pascal, une foule de questions. Puisque, en ce moment de ma vie, je prends grand plaisir à dialoguer avec les personnes qui vivent, comme toi, hors du temps, je souhaite te soumettre quelques questions qui intéressent, je crois, un certain nombre de mes amis helvètes. Non ! Il ne s'agit pas ici d'interroger le passé, ni non plus de faire un bilan de ton engagement politique en apportant des nuances au tableau si bien brossé par l'auteur. Je suis simplement curieux de savoir, cher Président, ce que tu penses de ton Helvétie d'aujourd'hui, îlot de bonheur et de bien être, comme toujours, mais aussi, paradoxalement, à la fois un peu plus « européenne » et davantage « suisse », en raison de son attachement irréductible à son « patrimoine historique », le secret bancaire, par exemple.

À la lumière des récents événements, ne penses-tu pas, après coup, que ton héroïque combat pour une Suisse « européenne » devait nécessairement se solder par un échec ? J'aimerais savoir si, d'après toi, cette faillite n'était due ni à tes erreurs d'analyse, ni à la trahison de certains de tes amis politiques, ni non plus à... l'immaturité d'un peuple « sans courage ni clairvoyance », mais à deux facteurs principaux. J'appellerai le premier la démocratie schizophrène. Déjà à ton époque, nous vivions dans une réalité politique parfaitement dissociée : d'un côté toi, le visionnaire, porteur d'un très beau projet, entouré d'une poignée de responsables sensibles au chemin tracé par l'histoire, de l'autre, une masse d'individus – j'inclus les non votants – qui avaient déjà renoncé à leur rôle d'acteurs pour assumer celui de figurants d'un reality show dans un décor IKEA. D'un côté les légataires de Tocqueville – « La démocratie en Amérique » –, de l'autre les héritiers de Mandeville – « La Fable des Abeilles ». D'un côté une scène politique noble et sérieuse, – hélas ! très, très compliquée aussi, comme seuls les Suisses sont capables de l'imaginer, – animée par un certains nombres de citoyens dévoués à « la cause », de l'autre un grand bazar dans lequel s'agitent et s'affairent des ludions que le marché canalise, à leur insu, vers la catastrophe finale. Je crains fort que, de nos jours, ce clivage ait disparu, lui aussi, pour laisser la place à une manière de faire de la politique à coup de « choix non choisis », comme dirait Pierre Bourdieu. « Suisse européenne » ou « Suisse suisse » ? C'est le marché qui décide !

Le second facteur qui expliquerait, toujours après coup, ton échec, ne concerne pas l'identité suisse, mais l'identité européenne. Nous étions tous des rêveurs, en ce temps-là ! Le drapeau bleu avec la couronne d'étoiles dorées symbolisait notre avenir et celui de nos enfants. Malheureusement, nous avions sous-estimé la puissance des dictats de la révolution « Reagano-Tatcherienne » et son influence sur notre culture, jusque-là citoyenne. De ton lieu de vacances éternelles, cher Jean-Pascal, tu l'as sans doute observée, cette catastrophe qui a duré trente ans ! Le projet européen a été emporté par le tsunami néo-libéral dans l'océan de la mondialisation économique. Seuls quelques technocrates ont survécu au désastre, chargés de produire des milliers de directives, souvent idiotes, à la place de visions mobilisatrices. Aucun regret, Monsieur le Président ! Ton Europe bien aimée n'a pas encore vu le jour. La petite Suisse n'a rien raté.

Heureusement, la nature fait bien les choses. Elle nous oblige à rouvrir tous les dossiers, inclus celui d'une Europe des citoyens soucieux de leur avenir. Une bonne crise économique, régénératrice, non seulement d'un appareil industriel mortifère, mais d'une culture de la passivité face à l'histoire, va libérer la pensée et rappeler les visionnaires. Le temps de ton retour aux affaires va bientôt arriver.

Arrivederci, Jean-Pascal Delamuraz !

Fabrizio Sabelli

CHAPITRE III

L'action : d'un chemin exaltant à l'impasse sans blocage

Rien n'est possible sans les hommes,
mais rien n'est durable sans les institutions
Jean Monnet

Le verbe au service de l'action

Partout où les noms de César, de Caïus, de Trajan et de Virgile, partout où les noms de Moïse et de Saint-Paul, partout où les noms d'Aristote, de Platon et d'Euclide ont eu une signification et une autorité simultanées, là est l'Europe. Toute race et toute terre qui a été successivement romanisée, christianisée et soumise, quant à l'esprit, à la discipline des Grecs est absolument européenne.

Jean-Pascal Delamuraz ne se lassait pas de citer cette forte revendication de Paul Valéry. Quitte à ce que, dans les milieux bancaires de la Bahnhofstrasse zurichoise, on le trouve « romantique ». C'était sa façon à lui de faire comprendre que la construction d'une Europe unie avait quelque chose de naturel, culturel, voire historique, et non pas seulement économique et « structuralisant ». Il la répétait pour rappeler aussi que l'Union européenne n'est pas une coalition mais *une union d'États dont la vie est dépassée par une empreinte de civilisation qui marque l'éternité de notre condition.* Porté lui-même au dépassement du caractère économico-technique de l'entreprise européenne, il citait aussi Robert Schumann : (...) *il lui faut une âme, la conscience de ses affinités historiques et de ses responsabilités présentes et futures, une volonté politique au service d'un même idéal humain.*

Son insistance à citer Valéry et d'autres grands esprits épris de l'Europe en dit long sur la substance culturelle de son credo européen, la substance sans doute la plus inaltérable aussi. À l'exclusion de toute préciosité, ce recours à l'expression-compression était pour lui ce que l'image et la caricature sont au journal, un enrichissement, un divertissement ou une respiration. Il en usait comme de l'humour : pour agrémenter sa plaidoirie et comme hommage du doute à l'inquiétude. On lui a eu reproché cette propension à épingler à ses discours les apophtegmes de ses maîtres à penser. Or ces emprunts « en passant » étaient aussi une façon de rassurer ses auditeurs ou lecteurs, fervents ou contradicteurs : si ce n'est lui personnellement, du moins les auteurs cités faisaient autorité en la matière ; on pouvait leur faire confiance. Rien à voir avec quelque bazar de la culture. Ce faisant, JPD trahissait également la modestie d'un magistrat qui fut plus homme d'action et prospecteur de terrain que penseur de bibliothèques et fanfaron de salons. Il avait donc besoin de prestigieuses cautions à sa propre éloquence, *con brio et spirito*, d'autant qu'il savait le discours politique suisse généralement ennuyeux parce que naturellement feutré.

L'action de l'homme politique est essentiellement dans le verbe, qu'il s'agisse de défendre une opinion ou d'en combattre une autre. Sur ce plan-là, l'action du tribun vaudois rappelle cette définition du *mot* que donnait Paul Claudel dans ses *« Mémoires improvisées »* : (...) *un élément créateur, (...) un sentiment portatif (...) qui traduit au dehors l'énergie créatrice de son auteur.* L'imagination, la connaissance synthétique des dossiers, l'écoute, l'intuition et la force de conviction devraient faire le reste. JPD s'arrangeait pour qu'il en soit ainsi lorsqu'il s'agissait de défendre un choix puis, le cas échéant, de devoir l'adapter à la conjoncture. C'est ainsi qu'il rejoignait Winston Churchill lorsque le « Prime Minister » jugeait qu'*un bon politicien est celui qui est capable de prédire l'avenir et qui, par la suite, est également capable d'expliquer pourquoi les choses ne se sont pas passées comme il l'avait prédit.* Au début est le mot, à ce niveau aussi.

Au demeurant, sa tâche d'orateur officiel fut d'autant moins aisée qu'il ne pouvait et ne voulait pas ne pas prendre collégialement en compte les opinions divergentes ou à moitié dévoilées de certains de ses collègues au pouvoir. Au fil des élections de nouveaux membres du Conseil fédéral, il ne poussait pas non plus l'enthousiasme jusqu'à ignorer les effets désagrégeants d'un assemblage parfois raté, au niveau de la chimie humaine donc de l'harmonie ambiante. Et puis, l'avis des cantons et des grandes organisations n'était pas non plus négligeable, même s'il fallait de temps à autre interpréter leur non-dit, celle des grandes associations patronales ou des banquiers privés en particulier. À la grande déception de son interlocuteur journaliste, il pouvait lui arriver à lui-même de parler sans rien dire de très significatif. Sa victime pouvait légitimement se plaindre que son expression tienne de « la barbe à papa ». À cet égard, on pourrait observer que sa manière de dire les choses était parfois plus authentique que son propos officiel. S'il haussait le ton ou se risquait à tutoyer l'Europe – elle aussi, mais la réciprocité n'était pas automatique – c'était, selon les circonstances, qu'il voulait la rendre plus familière, qu'il avait ses doutes ou éprouvait le besoin de se réconforter. On pouvait y voir aussi une manière de produire de la politique plutôt que de la subir. Il suivait ainsi la ligne qu'il s'était fixée, fidèle à des laïus « mis en bouteille au château ». De ce point de vue, sa conduite des affaires était naturellement cartésienne. L'auteur des *Méditations* n'expliquait-il pas que l'homme ne doit pas accepter d'errer dans une forêt, la seule façon d'en sortir étant d'avancer en ligne droite, sans s'occuper des obstacles : *on trouvera bien une clairière.* Étroitement associés à son travail quotidien, ses sherpas se chargeaient, si nécessaire, de lui ouvrir le sentier et de le baliser. Il s'y engageait ou non, mais il continuait à bourlinguer, même si la « clairière » tenait du coupe-gorge.

Sus à une fausse image de la Suisse

En quinze ans d'activité gouvernementale, le Conseiller fédéral Delamuraz a prononcé assurément plus d'un millier de discours et accordé plus de deux cent cinquante interviews. En faire ici un résumé serait risquer une simplification à outrance. En rapporter autant d'extraits ne contribuerait pas à la finalité de cet ouvrage. Il nous a donc paru plus significatif et cohérent de nous attacher ici à quelques propos emblématiques en des périodes emblématiques : juste avant, pendant et après la votation sur l'EEE du 6 décembre 1992. Si l'on considère cependant la suite chronologique de ses propos publics les plus significatifs, on constate qu'ils étaient, à ses débuts en 1987, prudemment balancés, faisant d'abord valoir *une ouverture de dimension mondiale* sans *écarter l'option d'une adhésion* mais sans non plus l'annoncer comme il le fit en 1989, ensuite qu'il a défendu l'idée générale que *nos particularismes ne doivent pas être des prétextes mais des incitations*, enfin, pour défendre l'option de l'EEE, qu'elle était une chance puisqu'elle permettait de l'enrichir d'une demande d'adhésion et peut-être d'un droit à la codécision. Onze ans durant, il s'est employé à identifier et montrer nos forces *pour les faire entrer dans la construction de l'édifice, tout en éliminant les résistances.* Il faisait toujours en sorte que les défis deviennent mobilisateurs.

Suivons donc JPD dans quelques-unes de ses participations aux disputes, joutes et débats sur les relations présentes et à venir entre la Suisse et l'Europe en gestation. Quand il le pouvait ou si on le lui demandait, il aimait à prendre son bâton de pèlerin et faire passer son message pour un rapprochement accéléré entre la Suisse et l'Europe, et réciproquement. D'entrée de jeu, ses déclarations ne laissèrent planer aucun doute sur son credo européen.

Il avait choisi d'apporter d'abord une vigoureuse rectification à l'idée qu'on tend à se faire de la Suisse, en Europe et ailleurs dans le monde. Ce qu'il fit en 1988, sans craindre les retours de manivelles et dans un cadre idéal, celui de l'Institut royal des relations internationales à Bruxelles. Pour mieux les tuer – peut-être se convaincre d'abord lui-même –, il ridiculisa donc les *robustes clichés* par lesquels on croit pouvoir définir l'Helvétie contemporaine : *Défensivement campée sous le granit imprenable de ses Alpes, repaire des hauts profits, ceux-là même que des gnomes sans visage et sans scrupules accaparent avec une opiniâtreté d'insecte, une Suisse de caisse enregistreuse, présente, avec les autres, pour les bons risques, absente pour les mauvais, une Suisse exclusive et insulariste, contemplant ses voisins de haut et ne se mêlant à leurs jeux que si elle est sûre d'en retirer le beurre et l'argent du beurre, une Suisse sans doute pleine de bonnes intentions mais peu décidée à les réaliser, une Suisse un peu absente, pour tout dire, et prompte à confirmer l'image de Victor Hugo : « La Suisse trait sa vache et vit paisiblement ».*

Diantre ! Pas sûr que, dans les cantons, on ne se soit pas senti visés par ces fortes caricatures. Pas sûr non plus que, dans quelque espace inviolable du Palais fédéral, cette manière d'autodéculpabilisation ironique n'en ait pas fait frémir plusieurs. De confusion, d'humiliation, voire d'indignation. Mais l'autodafé verbal en soulagea beaucoup d'autres. Il valait mieux faire « tabula rasa » soi-même plutôt que de continuer à servir de quintaine.

La « chose » étant donc dite, le nouveau ministre suisse de l'Économie montra équitablement le côté pile de la pièce : *Une Suisse naturellement démunie, donc forte d'une constante vigueur d'échanges internationaux, attachée à la liberté des échanges et cosmopolite ; un État qui, dès 1958, participe activement aux pourparlers menés au sein de l'OECE, fonde ensuite l'AELE, propose la conclusion d'un accord économique entre cette AELE et leurs membres candidats à l'adhésion, enfin postule, en 1969, l'ouverture de négociations en vue du premier élargissement de la Communauté, puis en 1972 les accords de libre-échange avec la CEE, etc.* Sans oublier d'évoquer la part de la Suisse aux travaux de regroupement du Conseil de l'Europe. Se rapprochant du rivage, comme le lui avait demandé le professeur Rieben lorsque l'étudiant Delamuraz tardait à entrer dans le vif du sujet, le nouvel interlocuteur suisse de Bruxelles dit enfin le *vif intérêt* (de la Confédération) *d'être de l'Europe à part entière.* Ce n'était pas là propos de rodomont ; ces rappels étaient attendus.

À titre préventif et sur un autre ton, il fallait appliquer d'autres rectificatifs, là où ça démange encore le plus. La neutralité ? Elle n'est pas un but en soi, mais elle fut reconnue par le Congrès de Vienne de 1814-1815 étant *dans les intérêts de la politique de l'Europe entière.* (La déclaration de Paris, préparée par l'habile négociateur genevois Pictet de Rochemont, avait ajouté à la neutralité *une indépendance à l'égard de toute influence*). Pas question cependant d'une neutralité élastique, à géométrie variable, le jour où s'ajouterait à la CE une dimension de défense. Dans un entretien informel qu'il eut à Berne avec une délégation de parlementaires français, JPD fit pourtant cette déclaration verticale : *Le statut de neutralité est incompatible avec l'adhésion.* Sur ce plan, Bruxelles semble avoir admis qu'elle en savait davantage sur les positions suisses qu'elle n'en apprit au cours des *guerres de tranchées* menées par l'Autriche et la Suède après leur entrée dans l'EEE, juste avant leur adhésion à l'UE. Celle-ci était même prête à reconnaître la bonne foi helvétique, voire son *élégance* dans l'approche. Paraît-t-il.

Pour le reste, JPD continue à « dérouler ». La démocratie directe ? Elle n'a pas empêché la Suisse de conclure de nombreux accords internationaux, et de les respecter. *Mais le transfert de compétences aux instances communautaires affaiblirait inévitablement ses institutions (...) au point de remettre en cause les piliers fondamentaux de sa structure politique.* On en reparlera plus loin.

Le fédéralisme ? Denis de Rougemont vint en appui : la Suisse *est née de l'Europe et en détient le secret. Formée dans le Saint Empire et par lui, elle a seule conservé jusqu'à nos jours le principe de l'Europe d'Occident, l'union sans unification, qui est l'idée fédérative.*

Une condition ? Si la Communauté respecte son droit à la différence comme à *évoluer dans ses convictions profondes, la Suisse ne se comportera pas en quémandeuse cherchant à accueillir quelques bribes d'intégration qui tomberaient de la table communautaire.* Il conviendra cependant d'éviter la césure qui naîtrait d'une confrontation entre Communauté et pays de l'AELE (l'option d'un EEE pointait à l'horizon ; il s'agissait de relever la tête).

Une promesse pour conclure : *La Suisse engagera volonté et imagination pour que le respect de ses spécificités ne soit jamais source de repli sur elle-même ni de contestation de sa responsabilité envers l'Europe.* Ce n'est pas ce qu'on peut appeler de l'« overpromising »[1]. Pas dans les habitudes de la maison. (L'orateur savait aussi que, pour Delors, le *problème suisse* n'était pas d'actualité et qu'il ne voulait pas encombrer la Communauté avec de nouveaux cas d'adhésion). Confortable, la position suisse ? Non, répétait-il, mais nous n'avons pas le choix.

Ceux de Bruxelles prirent volontiers acte de ces engagements. Y crurent-ils ? On dit qu'ils furent impressionnés par la clarté avec laquelle le ministre suisse avait remis le village autour de l'église, chassé de vieux clichés et tamisé quelques vieilles lanternes. Ils n'étaient

[1] Promesse surfaite.

pourtant pas sans savoir que JPD pouvait aller plus vite que la musique. Porté par son propre message, il quittait alors son texte pour se lancer dans de touchantes improvisations, soit qu'il sentait son auditoire sur la même longueur d'onde ou alors, au contraire, pas suffisamment accroché à ses lèvres.

En sa qualité de patron fédéral de l'économie publique, JPD a tenu ses premiers propos européens en Suisse devant les partenaires de l'Office vaudois pour le développement du commerce et de l'industrie (OVCI). De quoi galvaniser quelques esprits et en informer d'autres pour les rassurer. Rien de plus. On était aussi en 1988. JPD avait eu quelques mois pour assimiler les difficultés constatées au niveau de l'échange d'informations entre l'AELE et la CE, une année après la conclusion des accords d'Interlaken de mai 1987. De l'observation du suivi, il ne put que conclure à la désuétude des méthodes appliquées aux relations entre les deux groupes et à la nécessité d'en envisager d'autres, pour la Suisse en particulier mais pour Bruxelles aussi. De là à vouloir accélérer la procédure d'une préparation puis d'une demande d'adhésion, il n'en fut cependant pas question devant ses auditeurs romands. La CE n'y tenait alors pas, déjà trop occupée à résoudre des problèmes plus actuels. Quant à la Suisse, elle n'était manifestement pas disposée à mûrir cette nouvelle option. Les commerçants et industriels vaudois en prirent acte sans s'émouvoir. L'EEE s'annonçait effectivement. *Il y a des obstacles, des obstacles mineurs et des obstacles dirimants, obstacles que n'ont peut-être discernés ceux de nos compatriotes qui déclarent avec foi vouloir l'entrée sans délai de la Suisse dans la Communauté européenne*, concéda-t-il par prudence. Et de poser la question : *les Suisses sont-ils réellement prêts à de tels bouleversements ?* Et si les réponses sont évidentes, prévient-il, *encore faut-il quelles soient bien comprises et que l'on n'y voie pas (...) une Suisse présente pour les bons risques mais absente pour les mauvais, une Suisse hors du jeu.* Sa conclusion : *nous exprimons le droit d'un peuple à la différence – tout le contraire d'un quelconque droit à l'indifférence.*

Pour illustrer un dommageable écart de tempo entre la Confédération et les États membres de la CE ainsi que par rapport aux circonstances, le Conseiller fédéral vaudois aurait pu rappeler l'une de ses histoires préférées. C'est celle de deux hauts fonctionnaires, un Suisse et un Japonais, en vadrouille dans la savane africaine. Le rugissement d'un lion manifestement affamé vient soudain interrompre leur discussion sur l'état de leurs économies respectives. Ni une ni deux, l'homme de Tokyo extrait une paire de baskets de son sac de voyage. L'homme de Berne pense comprendre : *Tu crois vraiment que tu vas courir plus vite que lui*, se moque-t-il. *Non*, s'entend-il répondre, *mais probablement plus vite que toi !* Le conteur espérait être compris dans les cercles les politiques. Il ne comptait pas sur l'humour des rédactions de vieilles gazettes conservatrices alémaniques.

Un premier document du genre : on lit entre les lignes

Puis advint une version officielle sur l'état des choses entre Berne et Bruxelles. Lorsque les autorités fédérales veulent faire le point et rendre publiques leurs intentions, l'instrument de prédilection est le « rapport », lequel répond dans la plupart des cas à des interpellations, postulats ou motions parlementaires. C'est ainsi qu'au milieu de l'été 1988, le Conseil fédéral publia un document signifiant sur la position de la Suisse dans le processus d'intégration européenne, le premier du genre, prétendait-on aux affaires étrangères. Il y en eut d'autres ultérieurement ; on en attend un pour 2010 au plus tard (voir chapitre IV).

Son titre est solennellement insipide, comme le veut l'usage. Le contenu est un reflet collégial de la pensée gouvernementale, c'est-à-dire qu'il est subtilement équilibré et dangereusement fidèle. Il est tellement bien balancé qu'il est parfois difficile d'y trouver une claire affirmation qui ne soit pas aussitôt altérée ou nuancée par des considérations relativisantes et trahissant pudiquement deux ou trois opinions divergentes au sein du collège des sept. L'analyse est en générale exhaustive. Si le Conseil fédéral ne s'exprime pas sur telle ou telle question actuelle, cela veut dire qu'il n'a pas réussi à se mettre d'accord sur une réponse unanime, et ne voudrait pas le laisser transparaître.

Vu de Bruxelles, où l'on sait aussi lire entre les lignes, le résumé analytique de cette Confession en mi-bémol pourrait avoir déclenché le dialogue interne suivant, en langage direct et pas vraiment diplomatique :

– Qu'en sera-t-il donc, d'après ce rapport, de la collaboration suisse avec notre communauté, demande le haut fonctionnaire de Bruxelles qui ne l'a pas lu.

– Les perspectives sont bonnes, répond son lecteur attitré. Berne est non seulement disposée à créer de *nouveaux accords* pour intensifier sa collaboration, mais elle aimerait encore aller *nettement plus loin, pour éliminer totalement les obstacles aux échanges dans l'espace européen.*

– Bien. Ils sont donc d'accord avec notre manière « pragmatique ? »

– Tout à fait, mais ils pensent aux *États européens* en général et au niveau de vie de leurs ressortissants, donc pas seulement à « nos » États-membres.

– Ils parlent au nom de l'AELE. Quoi d'autre : la Suisse pense-t-elle quand même à l'adhésion ?

– Berne croit que ce serait *la seule véritable alternative à sa politique actuelle et à son potentiel.* Ils l'expriment et c'est nouveau.

– Donc ils y pensent.

– Ils l'envisagent ; mais la Confédération ne peut pas souscrire aux objectifs politiques de la CE *tels qu'ils se présentent aujourd'hui*, qu'il s'agisse de sécurité ou de politique étrangère.

– Qu'est-ce qu'ils attendent de nous ?

– Que nous comprenions qu'une *Suisse neutre et politiquement stable est du plus haut intérêt pour toute l'Europe.*

– Nous pourrions être d'accord. Leur conclusion ?

– Une adhésion à la CE, *dans ces conditions* et *dans l'optique actuelle, ne peut pas être le but de la politique suisse d'intégration.*

– Quelle « optique ? » La leur ou la nôtre ?

– Ils ne le disent pas. Il faut comprendre que c'est un *oui, mais.*

– À moins que ce ne soit un *non, mais*. Les conséquences pour la Suisse, ils les devinent ?

– Oui, ils pensent même que les répercussions seront plus graves qu'en 1972 (exclusion du processus de décision communautaire), mais que c'est le prix à payer pour sauvegarder leur souveraineté en politique étrangère et sur le plan de leurs institutions nationales.

– Donc ils renoncent à participer à notre processus d'intégration ?

– Ils ne le disent pas. Ils voudraient que la CE continue, *plus encore à l'avenir qu'aujourd'hui* à être disposée à développer *contractuellement* ses relations avec eux. Leur impression est en effet que notre intérêt à négocier des solutions spéciales commence à faiblir.

– Ils suggèrent donc des accords bilatéraux ponctuels. Pourquoi devrions-nous suivre leur avis ?

– Parce que la Suisse, croit-on à Berne, a de bonnes chances de conserver sa situation favorable en Europe, ce qui lui permettrait de montrer une *capacité supérieure d'intégration.*

– Elle veut donc négocier en position de force et ne craint rien ?

– Si, elle redoute précisément une concurrence plus âpre dans l'espace économique européen.

– Et alors ?

– Alors, elle accorde beaucoup plus d'importance à ses *conditions générales internes* qui, en fin de compte, devraient lui permettre de relever les nouveaux défis européens, qu'à un changement fondamental de ses relations avec nous.

– En clair, ils ne veulent donc pas adhérer. Choix définitif et irrévocable ?

– Ils ne le disent pas, mais vu la rapidité du processus d'intégration, ils estiment tout de même indispensable de repenser *constamment et sans préjugés* la position de la Suisse en Europe.

– D'ici là ? On pourrait s'attendre à un changement de cap dans les années 1990 …

– ... sans doute mais, parallèlement, le Conseil fédéral semble vouloir surtout améliorer *les conditions cadres de l'économie mondiale.*

– C'est là leur *politique universelle ?*

– Exact : pour défendre les positions de la Suisse.

– Il est pourtant des capitales du nord où l'on menace de se plaindre des privilèges accordés à un pays qui a déjà la chance de se trouver au cœur de l'économie européenne. Se sentent-ils faibles ou menacés ?

– Ils veulent surtout rectifier *l'impression erronée* que les prises de positions communes des membres de la CE représentent la voix de l'Europe occidentale tout entière.

– À quoi font-ils allusion ?

– Probablement aux exigences de leur politique actuelle de neutralité… Et de l'AELE aussi.

– Au fond, c'est un peu « je t'aime moi non plus ».

– On peut le comprendre ainsi.

– Tous les sept sont d'accords ?

– Ils ne le disent évidemment pas, mais nous sommes autorisés à le croire.

À plusieurs questionnements près et authenticité non garantie, telle a pu être, à Bruxelles, la première exégèse d'un rapport qui, pour une année au moins, constituera l'évangile helvétique des relations avec la CE. Janvier 1989, Delors devait lancer l'idée d'organes communs de gestion entre CE et AELE. Le Conseil fédéral a crû pouvoir le prendre au mot, histoire d'être mieux impliqué dans la construction européenne. En fait, il ne s'agissait que de créer une sorte de forum destiné à calmer les envies des membres de l'AELE et d'éviter ainsi des arrivées prématurées. « Small is beautiful », rêvait-on alors dans le bureau présidentiel où l'on voulait serrer les boulons avant d'amorcer un élargissement vers l'Est aux conséquences encore mal reconnues.

Pour en avoir été l'un des auteurs, JPD connaissait bien le document gouvernemental. Il pouvait en approuver les grandes lignes, sinon tous les accents et les silences. En tout état de cause, Bruxelles ne pouvait plus ignorer la position officielle de Berne ni ne pas prévoir ses atermoiements retardateurs. Quelques semaines après la publication de ce rapport, le magistrat vaudois eut l'occasion d'enfoncer le clou : *Libre aux historiens d'épiloguer sur les causes du changement survenu au début des années 1980*, expliqua-t-il aux participants du Congrès suisse des Arts et Métiers. *Toujours est-il que, pour notre part, nous avons toujours pu attribuer nos succès économiques à l'effet bénéfique des « conditions générales », à savoir notre stabilité politique, notre paix sociale, notre imposition modérée, l'équilibre de nos finances, l'efficacité de notre infrastructure, notre maîtrise de la recherche et du développement et l'extension de notre système éducatif.* Mais de reconnaître aussi qu'*à insister sur ces points, nous ne nous sommes pas toujours attiré la bienveillance sur la scène internationale. On a toujours voulu nous inciter non pas à essayer d'atteindre l'équilibre budgétaire, mais à entretenir un généreux déficit.*

Parce qu'il était alors Président de la Confédération pour l'année en cours, JPD, muni de son nouveau *vade mecum* européen, apprécia de pouvoir ensuite affronter le Parlement européen en février 1989 à Strasbourg. Suivant ou parfois se bornant à longer sa *ligne droite*, il ne tint pas véritablement autre discours que celui qu'il avait prononcé devant l'Institut royal de Belgique. Sauf que, s'agissant de la neutralité, il précisa qu'elle devait rester *un instrument de la solidarité internationale.* Sauf qu'il souligna, dans sa conclusion, que sa présence à Strasbourg était *un témoignage de la volonté des Suisses* – il n'a pas dit du Conseil fédéral – *de continuer de construire l'Europe avec vous, ensemble.* Même conviction donc, quoiqu'il ait entre-temps rencontré Jacques Delors qui recevait ce jour-là, à l'Université de Lausanne, la médaille décernée par la Fondation éponyme à l'occasion du centenaire de la naissance de Jean Monnet.

Ce 4 novembre de 1988 à Ouchy, l'entretien helvético-européen fut *stimulant, ouvert et même amical*, ainsi que put en témoigner le chef de la mission suisse à Bruxelles pour y avoir participé, Bénédict de Tscharner, futur ambassadeur à Paris. *Nous avons beaucoup de choses à faire ensemble*, fit savoir l'ancien ministre de Mitterrand à son interlocuteur suisse. Et il révéla son intention d'inviter quelques ministres et autres personnalités des pays de l'AELE *à se réunir quelque part dans la campagne belge pour réfléchir ensemble sur l'avenir de l'espace économique européen.* JPD salua l'initiative. Effectivement, l'entretien avait été *ouvert* sans être trop franc, ce qui aurait signifié qu'on s'était dit des vérités désagréables. Ce ne fut pas le cas et c'aurait été difficile entre un négociateur suisse tout d'affabilité et un président en quête de concordance, tout au moins personnelle.

Trois mois plus tard, l'année suivante à Davos, l'invité suisse au « World Economic Forum » comprit que le discours Delors, ses propos à Ouchy comme ses déclarations à Strasbourg reflétaient des idées personnelles, pas forcément celles des deux Conseils et de la Commission. Il voulait avancer la discussion au sujet des relations CE-AELE et d'une éventuelle communauté *ad hoc qui permettrait à certains pays d'adhérer*. Il désirait ainsi faire *un geste de fraternité*. Car le socialiste Delors avait lui aussi un front intérieur, qui ne lui était pas toujours favorable. Ce fut notamment le cas lorsqu'il proposa enfin, à titre quasi personnel, l'Espace économique européen (EEE) afin de calmer la crainte des pays de l'AELE de se trouver en marge de la CE et qui avaient, eux aussi, des réticences à embrasser l'ensemble du projet européen. Berne pouvait donc croire en une solution *sui generis* à laquelle s'intéresseraient aussi l'Autriche et la Suède.

J'ai l'impression que Jean-Pascal Delamuraz avait bien compris cette démarche entre deux eaux qui m'a sûrement été reprochée à Bruxelles, répondait Delors en mai 1998 à la question de *L'Hebdo* de savoir s'il lui était arrivé d'être en désaccord avec lui. C'est vrai que JPD, alors Président de la Confédération, avait salué l'initiative de Delors et s'était déclaré prêt à *ouvrir le dialogue* quelques semaines plus tard à Bruxelles. Il fallait pourtant que, dans l'intervalle, les pays de l'AELE se concertent. Ce ne fut pas trop le cas, Stockholm, Vienne et Helsinki ayant déjà l'adhésion en vue.

En mai 1992 à Porto, lors de la signature du traité de l'EEE par la Suisse – combinée avec une demande officielle d'adhésion –, JPD était *visiblement heureux*, se rappelait Delors, *estimant avoir franchi une étape importante, pas seulement dans sa vie, mais aussi dans son esprit militant*. Le ministre des Affaires étrangères René Felber l'était aussi.

Militant, Delamuraz ? Sans doute. Cela ne l'empêchait pas, selon Delors, de se sentir d'abord investi d'un mandat du Conseil fédéral et d'être, en *véritable homme d'État*, très conscient des hésitations et divisions nationales. En bref, JPD assumait. C'est seulement après la votation de décembre 1992 que le Président européen sentit, chez le chef du DFE, *une certaine amertume, lié à un sentiment de solitude*. N'avait-il que le regret que tout le monde, en Suisse, n'eût pu faire son possible ? *Je ne sais pas ce qui l'a affecté le plus*, s'interrogeait l'homme de Bruxelles, *le résultat ou l'attitude de certains de ses collègues* ... JPD fut effectivement affecté de n'avoir pas été solidairement suivi par tous ceux qui l'avaient pourtant épaulé, alors même que les débats parlementaires lui avaient été majoritairement favorables. Son image n'en souffrit pas : on comprit que le chef du DFE ne resterait pas sur un échec. Ce n'était pas son style, d'autant moins qu'une solution de rechange – ou de repli ? – s'annonçait des bords de la Senne bruxelloise.

Un échec au coût diplomatique élevé

Parallèlement à ses « discours au peuple » par institutions, associations et médias interposés, JPD avait, comme tous ses collègues au gouvernement, des comptes à rendre aux Chambres fédérales et à leurs commissions.

Le débat national sur l'EEE dut son caractère émotionnel, passionné et controversé au fait que Delamuraz et Felber jugèrent utile, logique et même loyal de rappeler formellement, en octobre 1991 déjà, que l'adhésion demeurait le but stratégique de la politique d'intégration de la Suisse. Outre qu'il s'agissait de compenser certaines faiblesses du traité en question, Berne voulait d'emblée prévenir tout abandon de cet objectif, quel que fût le résultat de la votation populaire sur l'EEE. Faute d'une telle précaution, l'échec du projet de traité pouvait en effet provoquer une rupture de continuité dans la politique européenne de la Suisse, un vertigineux hiatus d'où le pays aurait beaucoup de peine à sortir. En prévision de la réunion de Porto, le Conseil fédéral confirma donc expressément sa volonté de déposer une demande d'ouverture de négociations en vue de l'adhésion. Décision prise, il est vrai, par 4 voix (dont Cotti) contre 3 (dont Villiger)[2]. Elle fit l'objet d'une très courte lettre à Bruxelles, la première que le Chancelier Couchepin signa à ce titre. C'était le 17 juillet 1992. Les intentions gouvernementales étaient ainsi clairement affirmées. Il fallait désormais les assumer.

Le thème de l'EEE – association structurée entre l'UE et l'AELE – ne laisse pas les parlementaires indifférents. C'est le moins qu'on puisse dire. Les comparutions de Delamuraz devant les chambres et leurs commissions sont passionnées, parfois houleuses, toujours intéressantes dans la mesure où les questions et les réponses touchent à l'avenir proche et lointain du pays. Rarement symphoniques, les débats sont le plus souvent polyphoniques. Les soutiens les plus utiles sont presque toujours les plus pondérés, tel celui de Jacques-Simon Eggly, membre genevois de la commission des affaires étrangères du Conseil national : *L'EEE peut (...) être une plate-forme déjà confortable avant un processus d'adhésion ; il peut (...) être la meilleure position durable et tenable en retrait. (...) Cet accord sur l'EEE vient à son heure. Il inscrit sa logique dans une continuité. Il marque une participation suisse raisonnable. (...) à une réalisation non contestée de l'Europe occidentale.*

En 1991, alors que se précise la configuration du traité de l'EEE intéressant les 19 ministres de la CE et de l'AELE, le ministre suisse de l'Économie s'emploie à préparer les esprits à ce futur marché unique

2 Le Conseil fédéral ne publie jamais le résultat de ses votes – quand il vote ! – et ne tient aucun PV de ses séances, exception faite de ses décisions. Cela finit toutefois par se savoir.

qui, dans sa partie institutionnelle, ne correspondait cependant pas tout à fait à ce qu'on pouvait souhaiter en Suisse – *les paramètres ont changé* –, notamment en ce qui concerne un droit à la codécision. À cette époque déjà, le peuple suisse savait que trois options s'offraient à la Suisse : la signature d'un traité sur l'EEE, une adhésion à la CE, ou encore une approche pragmatique et ponctuelle, soit la position du « cavalier seul ». S'estimant quasi satellisée, la Suisse pouvait-elle risquer le refus de l'EEE au profit d'une position solitaire ? *Dans un cas comme dans l'autre*, se demande le rédacteur Willy Zeller, de la NZZ, *devrait-on opter pour la constance ou le changement (...) ? Intégration ou isolement dépendront avant tout de la réussite de ce projet (celui de l'EEE) et de la participation de la Suisse (...) Quant à l'adhésion à la CE, ce sera à une génération future d'en décider. Une réponse positive privilégierait sans doute le changement plutôt que la constance, d'autant plus que la communauté européenne se dirige nettement vers une union politique de nature fédérale.*

JPD voit de la *candeur* chez ceux qui pensent que les vertus nationales suffiraient à s'adapter tout seuls aux conditions de la CE, mais il ne veut pas non plus qu'on s'illusionne sur les chances d'une politique de rapprochement bilatéral. En réalité, le projet de l'EEE n'offrait pas d'alternative entre le oui et le non, pas d'option possible en faveur d'un « juste milieu ». Devant la commission du Conseil des États, le représentant de l'Exécutif ose le rappeler : *Qu'il y ait ou non adhésion au traité sur l'EEE, nous avons devant nous l'optique de l'adhésion à la Communauté*. Et de rappeler une déclaration gouvernementale, vieille d'un mois à peine, à propos d'un éventuel non-nein-no helvétique : *la perspective d'adhésion a nettement gagné en signification, mais il ne s'agit pas de s'y précipiter. Elle devient une option que le Conseil fédéral pense étudier en priorité*. Plus tard, à trois mois de la votation populaire sur l'EEE, le Conseil national s'entend dire que l'adhésion (à la CE) est un projet de société – beaucoup plus complexe –, qui fera l'objet de négociations difficiles. *En temps voulu*, c'est-à-dire *au moment le plus favorable*, précisent un peu vaguement les deux ministres concernés. Ni l'un ni l'autre ne sombrent dans l'alarmisme, ni n'invoquent maladroitement de pressantes attentes étrangères. On finirait cependant par s'impatienter à entendre l'éternel argument du « moment le plus favorable », soit d'une occasion sans risque. Quand y en aura-t-il un ? Il y a une centaine d'années, Carl Hilty éditeur de l'« Annuaire politique de la Suisse », nous voyait *comme un peuple particulier de Dieu*. Dieu aurait-il été Suisse, se moque méchamment l'écrivain Hugo Loetscher, *qu'il n'aurait pas encore créé le monde (...), il serait encore en train d'attendre le moment idéal (...)*[3]. (L'esprit indépendant de l'essayiste

[3] *Die Zeit* 16.04.09, repris par *Le Temps* 28.04.09.

zurichois, Prix Schiller en 1992, manquera dans le paysage intellectuel suisse. Il vient de décéder.)

Cela dit, Felber et Delamuraz doivent calmer et clarifier le jeu, un jeu qui incite en effet beaucoup de députés à faire l'amalgame entre l'entrée dans l'EEE et une adhésion à la CE. Cela va même plus loin dans certaines travées : on prétend traiter du projet de l'EEE mais c'est, consciemment ou non, pour combattre à priori toute idée d'adhésion ultérieure. La droite dure suspecte le Conseil fédéral de maintenir cette ambiguïté et de jouer, avec Bruxelles, sur les deux tableaux à la fois. JPD doit vivement se défendre contre les accusations lourdes ou à peine voilées d'une poignée de conseillers nationaux de la mouvance UDC. Il s'entend même reprocher sa *forfaiture* ! *Cette accusation rappelle les mœurs en usage dans les dictatures européennes des années 1930*, rétorque-t-il, furieux. *Elle révèle une arrogance... totalement étrangère à la démocratie..., ce repli sur soi, à l'heure où chez tous les autres Européens on parle coopération et solidarité.* (Applaudissements dans l'hémicycle). Et de rappeler une fois de plus que la procédure d'une adhésion à l'UE n'a même pas commencé formellement et que, pour la Suisse, l'accord sur l'EEE *tiendra la route* aussi longtemps que le peuple et les cantons ne décideront pas *de faire autre chose*. Une *pommade miracle*, cet EEE ? Non, répond JPD, ni une *Zauberflöte*[4]. De son côté, Felber se montre plus mordant, à son habitude : *Le Conseil fédéral a joué cartes sur table. Son but est l'adhésion avec l'ouverture de négociations. C'est embêtant cette histoire qui court trop vite*, ironisa enfin le ministre des Affaires étrangères. Il reconnaissait du coup un changement de trajectoires. Le moins qu'on puisse dire, en conclusion de cette phase, est que ni Delamuraz ni Felber ne sont tombés dans la facilité. Mais ils tombèrent de haut...

On connaît le résultat négatif de la votation du 6 décembre 1992, et c'est vrai qu'il y aura un « avant » et un « après » cette date fatidique, l'un des très rares événements traumatiques dans l'histoire récente de la Suisse, coup d'arrêt implicite dans la marche vers une adhésion à l'UE élargie. Grâce à l'appui de tous les cantons romands et de la majorité de leurs électeurs, les partisans de l'EEE n'avaient perdu que sur le fil. Sur quelque 618 000 électeurs zurichois, seuls 17 000 avaient fait pencher la balance pour le « nein » ! Au Tessin, le projet fut en revanche massivement repoussé, comme l'avait pressenti le Conseiller fédéral Flavio Cotti. Il le fut aussi dans les cantons montagnards suisses-alémaniques. C'était le résultat d'une alliance contre-nature entre les progressistes « euroturbos » pressés et les ultraconservateurs freinant des quatre fers, produit de l'union opportuniste des challengers de la politique

4 Flûte enchantée.

gouvernementale. Avec une participation nationale record de 78,3 %, la votation s'est traduite par 50,3 % de « non » contre 49,7 % de « oui », soit seulement quelques trois dizaines de milliers de voix de différence, mais par le refus de 16 cantons sur 23. L'accord sur l'EEE entre les 12 États de la CE et les sept États de l'AELE est entré en vigueur le 1er janvier 1994 sans la Confédération suisse, faute de ratifications populaire et cantonale.

Réaction spontanée d'un JPD plus que décontenancé : *c'est un dimanche noir pour l'économie suisse, pour le futur de l'emploi et pour tous les partisans de l'ouverture.* Cette fameuse déclaration eut pour effet de mettre un peu mal à l'aise certains de ses partisans et de fâcher une part de l'électorat suisse, notamment ceux des électeurs qui ne tolèrent pas qu'un membre du gouvernement stigmatise de la sorte une opinion qui lui est contraire mais qui n'en est pas moins majoritaire et sans appel. En Suisse romande, beaucoup de citoyens et de citoyennes partagèrent cependant son franc désappointement. On ne put que se rappeler le courroux de JPD lorsque, dans l'affaire des fonds juifs en déshérence, il lâcha dans le quotidien *24Heures* le terme de *chantage* pour qualifier la pression exercée par les équipes d'avocats américains réclamant la restitution de l'argent déposé dans les banques suisses par les victimes du racisme nazi. Pas soutenu par le collège, il dut publiquement regretter d'avoir été mal compris. Sa déclaration avait été jugée « contre-productive ». Là aussi, difficile d'exprimer, en langue de bois, un sentiment populaire d'irritation quand on a le tempérament d'un Delamuraz. On n'avait alors pas réalisé que ce n'était, pour la Suisse traditionnellement imperturbable, que le début d'une longue crise d'image, voire d'identité. À suivre.

Dans l'opinion publique, les réactions au vote sur l'EEE furent tranchées et évidemment contradictoires. On dénonça *un aveuglement sidérant* ou salua *un geste désespéré de résistance.* On y vit un refus de *l'architecture européenne de Maastricht, ce traité colonial,* donc un *non positif.* Prétendues causes de la défaite : peur du diktat de Bruxelles, crainte alémanique de la puissante Allemagne, sauvegarde de la paysannerie – au demeurant pas concernée par l'accord signé ! –, opposition viscérale à toute perspective d'adhésion, crainte de l'élargissement vers l'est, caractère sacré du territoire national, fidélité à la politique du consensus, opposition aux partis traditionnels – l'élite politique – et autres motivations plus ou moins rationnelles. En vrac.

Perspicace, la réaction de l'ancien ministre libéral des Affaires étrangères allemand Hans-Dietrich Genscher dans le grand quotidien vaudois *24Heures* : *La Suisse ne tardera pas à ressentir les désavantages de sa mise à l'écart volontaire de la dynamique créée par le Marché unique européen.* Enfin, originale observation du Secrétaire général de l'AELE

G. Reich : *Je me trouve dans la position de devoir peut-être gérer une organisation à deux vitesses.* En effet, et ce ne sera pas profitable à la Suisse.

La Suisse ne sait pas où elle va, titre pour sa part le *Journal de Genève* et *Gazette de Lausanne.* Il ne fallait toutefois pas monopoliser l'attention sur la netteté de la coupure entre la Suisse romande et le reste du pays, estime l'éditorialiste Pascal Garcin : plus des deux tiers des « oui » venaient de Suisse alémanique, outre que *la coupure linguistique fut transcendée par d'autres clivages,* notamment, *entre les villes et les campagnes, entre la Suisse profonde et les autorités,* au total *deux visions largement contradictoires.* On doit reconnaître à ce propos que les accents philosophiques, visionnaires ou parfois ironiques des deux ministres romands n'avaient pas eu, en Suisse alémanique, le même écho positif que ce ne fut le cas à Genève, Lausanne, Neuchâtel ou dans le Jura francophone. Leur français n'était pas assez « fédéral », leur rhétorique trop fleurie ou allusive.

Avec beaucoup plus de recul et à quelques jours de la votation populaire de 2009 sur la libre circulation des personnes, le chroniqueur du *Temps* François Gross dénonce ainsi les conséquences du verdict négatif de 1992 : Depuis le « dimanche noir », *la Suisse s'est placée en état de vassalité. Son amarrage raté à l'EEE, sa situation géographique et ses intérêts commerciaux l'ont conduite à nouer avec l'UE une relation de dépendance. Elle doit en négocier les modalités au cas par cas. La volonté populaire l'ayant éloignée des instances de décision, elle n'a plus maîtrise de son destin sur le vieux continent. Son bien-être en est sauvegardé. Pour l'indépendance nationale,* conclut l'observateur proche de JPD, *le compte n'y est pas.* Sermonneur et un peu simpliste, *Le Monde* y a vu quant à lui l'expression d'un *provincialisme égoïste.* Citons enfin l'observation scientifique de Silvia Kobi, tirée de son ouvrage consacré au décalage des sensibilités politiques entre élites et peuple : *Dans le domaine des relations extérieures, les échecs ont des coûts plus élevés en terme de gouvernabilité pour les responsables politiques. Ceux-ci risquent non seulement une perte de crédibilité politique mais,* pronostique l'essayiste, *ils se voient aussi privés de moyens d'action pour remédier au déficit d'adaptation de la Suisse face à l'environnement international*[5]. En substance, estime l'experte, le « non » majoritaire exprimait la méfiance populaire à l'encontre du discours officiel ; c'était celui d'une *fronde.*

---

[5] *Des citoyens suisses contre l'élite politique*, Paris, L'Harmattan, « Collection logique politique », 2000.

Tout nu dans un bal costumé

Les deux compères-magistrats eurent donc à affronter les Chambres dans la position de deux perdants qui, aux yeux de quelques mauvais gagnants, avaient le défaut d'être Romands, donc facilement oublieux des valeurs sacramentaires du pays, autoritaires parce que représentants impénitents d'une minorité linguistique. Pour la petite histoire, on doit relater ici la réplique du conseiller aux États Gilles Petitpierre à l'intervention sournoise d'un sénateur nidwaldien s'étonnant de l'*approbation intense* de l'EEE par les citoyens romands, des *gens charmants et de réputation fédéraliste*. Claquante, la rectification ne se fit pas attendre, et il la fallait : *S'il est finalement peu important devant l'histoire que les Romands soient ou non charmants*, intervint le subtile et « charmant » Sénateur, *je veux rappeler que dans le mot fédéralisme, il y a l'idée de traité, d'alliance. (...) Les Romands sont foncièrement fédéralistes. Ils l'ont manifesté pour la première fois quand ils sont entrés dans la Confédération (...) sachant qu'ils ne seraient jamais majoritaires dans la Confédération. Cet authentique fédéralisme amène aujourd'hui les Romands à aborder sereinement et avec sympathie l'étape nouvelle qu'est notre participation à la construction d'une Europe fédéraliste. Ce n'est pas une trahison de notre histoire, cher collègue, c'est la fidélité à notre meilleure tradition*. Une perle rare dans le tohu-bohu parlementaire et la masse d'explications parfois exacerbées ou emportées que Delamuraz et Felber fournirent au parlement à propos du verdict populaire !

Ce verdict, il faut le dire, les députés pouvaient en prendre une large responsabilité ; s'ils n'ont pas, pour la plupart, ménagé leurs encouragement aux deux représentants du gouvernement lorsqu'ils défendaient le projet d'adhésion à l'EEE, leurs propres partis, eux-mêmes déchirés, ne se sont en revanche que peu ou mollement investis dans la campagne qui suivit. Globalement, le pays n'allait (encore) pas assez mal pour que l'UE représente un objectif attractif. Seuls quelques indices ponctuels pouvaient, en 1992, nourrir la crainte – ou l'espoir – d'une crise financière puis économique plus globale et plus grave, révélatrice en l'occurrence d'un phénomène outrepassant les souverainetés nationales indéfiniment respectables.

Pour JPD, l'offre d'accords bilatéraux fut l'occasion de rebondir et de prouver qu'il avait gardé cette force reconnue de Delors, son *sens de la dimension internationale des problèmes*. Même *tout nu dans un bal costumé, ou à tout le moins en très petite tenue*, devait dire JPD de lui-même en se servant de l'humour pour se rassurer, il continuait, selon le Président de l'UE, à voir *le destin de son pays dans la perspective de l'intégration européenne*. Pas question d'un vote EEE bis : l'Autriche, la Finlande et la Suède étant devenus membres de l'UE, la consultation populaire aurait eu une tout autre signification.

Delamuraz n'aurait pu donc qu'approuver la conclusion présidentielle de 1998 à propos du cas helvétique : *Sur le plan politique*, pensait Delors, *on peut discuter. Tout dépend de ce que la Suisse se fixe comme ambition pour elle-même et vis-à-vis de l'extérieur. C'est cette réflexion qui doit mûrir. Les Suisses ont (...) un peu de temps devant eux. (...) Ils pourront observer et tirer les enseignements qui s'imposent dans les toutes prochaines années.* Un peu de temps ? Ces propos datent d'une dizaine d'années. JPD venait de décéder, après s'être éreinté davantage encore, d'abord à se persuader lui-même puis à convaincre ses collègues que le temps ne jouait plus en faveur du pays *comme ce fut peut-être le cas en des périodes au rythme plus émotionnel.*

Pour ce qui concerne un droit implicite à la codécision par l'adhésion à l'EEE, Delamuraz, Felber « and Co » s'étaient trompés. Ils eurent en tous cas le pénible sentiment d'avoir été victimes d'un vilain couac lorsqu'ils constatèrent que tel n'était pas – ou plus – l'avis de Delors, à moins de reprendre tout le droit communautaire. Las, il n'était plus acceptable, pour l'UE, que des États non membres décident de son droit intérieur. Le malentendu était consommé. La Suisse avait été lâchée par les pays de l'AELE qui avaient renoncé à demander ce droit à la codécision... pour la raison simple qu'ils avaient d'ores et déjà décidé d'adhérer à l'UE aussitôt entrés dans l'EEE. En sorte que la Suisse dut céder, par les voix de Felber et Delamuraz. D'où, l'annonce d'une demande d'adhésion plus rapide qu'on ne l'avait prévu à Berne. D'où aussi, dans un autre registre, la plainte peu ordinaire qu'un citoyen thurgovien porta séance tenante contre les deux ministres, accusés de *trahison diplomatique*. Ce quérulent citoyen alla jusqu'à s'appuyer sur un article du code pénal prévoyant l'emprisonnement ou la réclusion pour celui qui, en qualité de représentant de la Confédération, *aura intentionnellement conduit, au détriment de celle-ci, des négociations avec un gouvernement étranger*. La plainte fut transmise à l'Assemblée fédérale, qui n'entra pratiquement pas en matière. La presse elle-même n'accorda à ce pétard qu'une importance anecdotique, c'est-à-dire pas plus qu'il ne le méritait. Les deux intéressés, tout de même touchés par ce méchant esclandre, partageaient sans doute l'avis de Talleyrand que *tout ce qui est excessif est insignifiant*.

N'empêche que, deux mois plus tard, René Felber annonçait sa démission pour raison de santé. N'empêche aussi que son fidèle compagnon au Luxembourg, à Porto, à Bruxelles et à Berne fut, quelques mois plus tard, lui aussi gravement atteint dans sa chair. Au soir de la votation, tous deux avaient, tout à trac, furieusement songé à *foutre leur sac* à ceux qui les avaient carrément ou indolemment lâchés dans la nasse bruxelloise. Lucides quoique désemparés, ils avaient fait panache, comme on dit dans les hippodromes, les montures ayant « refusé » sans en avertir leurs cavaliers.

Diversité et insécurité des opinions

La campagne pour l'adhésion à l'EEE avait pourtant assez bien commencé. Elle bénéficiait du double soutien d'un Conseil fédéral en accord sur l'essentiel et du Parlement – divisé et un peu dubitatif. Cela, malgré le contre-assaut de l'UDC (Union démocratique du centre), vecteur d'un néo-conservatisme opposé mordicus à toute concession à l'UE, conduite par Christoph Blocher, conseiller national zurichois et futur Conseiller fédéral, non réélu en 2007, quatre ans seulement après sa surprenante élection. Le populaire industriel alémanique n'avait cependant pas eu l'exclusivité des objections. En 1991, le ministre suisse des AE avait reçu la visite d'un petit groupe de personnalités suisse-romandes – des « has been » pour la plupart – que l'idée d'une adhésion importunait et qui lui signifièrent eux aussi que cette solution était mauvaise : d'après eux, ce second obstacle à l'intégration ne pouvait que compromettre le franchissement du premier, l'entrée dans l'EEE. Question de tactique sans doute, mais manière aussi de freiner le mouvement en baissant le pouce. La mise en garde était sérieuse. Si elle pressentait et voulait prévenir le profit électoral que pouvait en tirer le parti de Blocher, l'opinion des anciens ne tenait toutefois pas compte des exigences dont Bruxelles assortissait son combat retardateur face à deux pays neutres – Autriche et Suède – que la présidence n'était pas pressée de voir membres de l'UE. Or ces exigences concernaient aussi la Suisse, une Suisse pratiquement condamnée à renoncer à toute démarche individuelle. Ne tablant que sur l'alternative « cavalier seul » ou « adhérent », les négociateurs ne pouvaient esquiver le marché « proposé », quand bien même Tony Blair et Jacques Chirac affichaient des sentiments rassurants et accueillants à l'égard d'un pays – encore ami – dont ils attendaient qu'il trouve lui-même la panacée ou le sésame.

Beaucoup plus lourde de conséquence que le baroud d'honneur des « anciens » fut la faiblesse d'un Conseil fédéral partagé entre ceux qui ne croyaient à aucun droit à la codécision hors de l'adhésion et ceux qui en voyaient déjà le potentiel au sein de l'EEE. Ce fut l'une des plus délicates tâches de JPD et de Felber de faire comprendre qu'après une entrée à l'EEE, ce droit serait plus coûteux sur les plans institutionnel et monétaire, outre que la douce voix suisse aurait plus de peine à se faire entendre dans des organes qui, avec l'arrivée des pays de l'Est, rencontreraient eux-mêmes toujours plus de difficultés à obtenir des majorités. Adopter la « solution » Chirac-Kohl d'une coopération renforcée avec, à la clef, le droit d'aller plus vite et plus fort ? C'eût été condamner la Suisse – comme l'Islande – à être reléguée dans la périphérie européenne. C'eût été la satellisation en bonne et due forme.

Un mois avant la votation sur l'EEE, les Conseillers fédéraux JP Delamuraz et René Felber (chef du DFAE) ont encore le sourire devant la statue du serment originel des 3 Suisses, en direct du Palais fédéral dans l'émission de la TVSR « Le Grand Chambardement ». Photo ASL, Archives cantonales vaudoises

On le voit, dilemmes, obstacles et illusions ne manquèrent pas. Le Conseil fédéral devait affronter à la fois ses interlocuteurs à Bruxelles, ses principaux partenaires à l'AELE et des oppositions intérieures souvent imprévisibles. Sans compter les divergences en son sein. Il voulait en sus ne pas faire le choix de l'impopularité. Début 1993, JPD songeait avec nostalgie à l'*état de grâce* de l'été et de l'automne 1992 ! Où l'état de grâce n'est pas raison d'État… Rebuffades, injures, attaques frontales ou dorsales, défaillance du soutien et pirouettes diplomatiques ne le retinrent pas de s'en tenir à *un dessein toujours soutenu et toujours suivi* cher à Bossuet.

La « cordiale contradiction » du père et d'autres collègues

Pour le ministre vaudois, particulièrement douloureux fut, sur un plan personnel, l'opiniâtreté avec laquelle son père spirituel et prédécesseur au Conseil fédéral, Georges-André Chevallaz, combattit son engagement renouvelé en faveur d'une adhésion, alors même que, dans un de ses ouvrages d'histoire, il évoquait, sans peut-être l'approuver, *la nécessité incontournable d'une cohésion européenne*. Duel, début 1992, entre l'homme d'action pris au jeu du défi et l'historien rigoureux, inquiet *de voir, par impulsions précipitées et souvent désordonnées, par abandon dans tous les domaines, le pays se démanteler dans ses raisons d'être* et, pour tout dire, un vieux sage peinant à se résigner à ce que le jeune JPD qualifiait lui aussi d'*incontournable*. Dialogue de sourds ou *cordiale contradiction... vers le ciel qui nous rassemblera*, lui écrit le ministre retraité. *Un ciel bleu où brillent douze étoiles d'or*, enchaîne tout aussi légèrement le ministre en fonction. Sur la forme, JPD tente de rassurer son cher prédécesseur en reconnaissant que *ces décisions ont pu être mal ressenties de par la rudesse et leur soudaineté apparentes, qu'elles ont été lamentablement présentées au public, qu'elles déclencheront encore des opinions antagonistes très vives, mais qu'elles sont le produit d'un choix serein*[6]. Le cosmopolite des rives du Léman ne parvint toutefois pas à convaincre l'ermite réfractaire des hauts de Lausanne.

JPD réserve à quelques proches l'expression de sa profonde déception : *Il y a plus péremptoire que moi dans la détention des vérités exclusives ! En l'occurrence*, leur confie-t-il, *ma tristesse ne résulte pas du fait que d'aucuns ont une autre opinion que la mienne. Elle résulte du constat que quelques aînés qui, pendant trente ans, ont éclairé mon chemin de la lumière de leur intelligence et de leur amitié, aient brusquement été victimes d'une panne de courant, à cent mètres du carrefour décisif*[7].

Un signe supplémentaire de la perplexité gouvernementale et de la difficulté qu'avaient quelques Conseillers fédéraux à trancher dans le vif, fut donné en janvier 1991 à Bellinzone par le Tessinois Flavio Cotti, Président de la Confédération, alors que Delamuraz et Felber œuvraient en faveur du dépôt d'une demande d'adhésion à l'UE. Il incombait a l'*onorevole* ministre suisse de l'Intérieur et *primus inter pares* de l'année de clore la cérémonie d'ouverture de la commémoration des 700 ans de la Confédération dont le thème était l'« Utopie » (!), ce qu'il fit en posant beaucoup de questions fondamentales, sans donner de réponses claires. Sa dialectique subtile traduisait plus d'indécision que de

---

6 Échange de lettres personnelles.

7 Échange de lettres personnelles.

certitude. Elle ne faisait que confirmer le scepticisme qu'il affichait en séance gouvernementale ; elle contrastait avec le discours connu de ses collègues Delamuraz et Felber, dans la forme et dans le ton : *La vérité*, proclame d'emblée le président Cotti, *est que, jamais en temps de paix, autant de points d'interrogations ne se sont posés au sujet de ces constantes helvétiques que nous appelons « l'acquis suisse », sur lesquelles nous avons jusqu'à présent fondé notre véritable raison d'être.* JPD croit entendre Chevallaz. Puis son collègue-président de taper sur le clou de l'« Histoire-source-de-vérités » : *L'abandon, même partiel, de certains éléments de nos constantes helvétiques sera douloureux pour beaucoup.* JPD n'apprécie pas outre mesure, même si l'orateur officiel évoque, à propos du fédéralisme et de la démocratie directe, *un patrimoine du reste très actuel,* (...) *que nous devons (...) amalgamer au grand débat européen.* Et son sang ne fait qu'un tour lorsqu'il entend enfin son collègue démocrate-chrétien mettre solennellement en garde l'assemblée de notables suisses contre le risque de *tomber d'un excès à l'autre* pour s'abandonner même (…) à *des instincts suicidaires.* Car *notre patrimoine historique et moral est trop riche*, conclut à ce sujet l'orateur de l'étape, *pour que nous perdions l'équilibre, en basculant cette fois dans le sens négatif.*

Surpris et déçu par cet accès rhétorique d'utopie négative, l'Européen Delamuraz n'apparut pas à la collation officielle qui suivit[8]. Il savait au moins sur qui il pouvait maintenant compter pour brosser le tableau dissuasif d'une Suisse complètement intégrée à l'Europe. Il ne savait pas que, vingt-six mois plus tard, Flavio Cotti reprendrait le ministère des Affaires étrangères des mains d'un René Felber démissionnaire, et qu'il soutiendrait malgré tout le projet d'adhésion à l'EEE. De longues années durant, évidemment marquées de tensions, tous deux seraient bien conscients qu'il fallait discerner les valeurs nationales réelles qui ont subi avec succès l'emprise du temps et pourraient constituer *le bagage qui nous permettra de nous rapprocher de l'Europe* (Cotti). Mais, cependant que le futur ministre des Affaires étrangères pensait encore calendrier de réflexion, JPD mijotait un calendrier d'action. Pour lui, il était évident que la diversité culturelle, les institutions démocratiques, le fédéralisme, la force économique et l'universalité de sa politique extérieure constituaient déjà l'acquis suisse offert à l'Europe. Réflexion faite, Cotti finit par se prononcer lui aussi en faveur d'une demande d'adhésion, à contre-courant des intentions de votes de ses compatriotes d'outre Gothard. Il y a plus de trente ans, son prédécesseur radical tessinois était plus déterminé et visionnaire lorsqu'il parlait d'*un choix douloureux auquel nous ne pourrons pas indéfiniment*

8 Aucune confirmation officielle n'a pu nous en être donnée.

surseoir (...), un conservatisme dépassé (pour) *sauvegarder une tradition qui, dans d'autres circonstances, a fait ses preuves.* Nello Celio ne cachait pas son impatience : *Seule compte la politique des grands espaces (...) Je ne sais pas si l'on se rend compte en Suisse de la dynamique propre aux relations internationales et de la menace qui pèse sur notre pays si nous continuons à nous isoler sous le prétexte, bien spécieux, que nous nous sommes toujours tirés d'affaire tout seuls.* C'était en novembre 1968 à Lausanne, lors des « Rencontres suisses »[9]. Autre époque il est vrai, mais Delamuraz n'aurait pas dit mieux.

À vrai dire, la péripétie de Bellinzone n'avait pas été une véritable surprise pour les observateurs. D'abord parce qu'on savait le Président tessinois rendu très craintif par la montée du nationalisme dans son canton, ce qu'il ne cachait d'ailleurs pas dans l'intimité du Conseil fédéral lorsqu'il exprimait ses doutes quant à l'opportunité même d'entrer dans l'EEE. Ensuite parce qu'en 1991 déjà, Chevallaz avait attaché le grelot en manifestant lui aussi publiquement son opposition à une adhésion qui, de son point de vue, *aliénerait notre liberté de décision, transformerait notre climat politique, nous relèverait d'une vocation de neutralité internationalement valable et priverait la Suisse de son incontestable rayonnement.* En réalité, le prédécesseur de JPD fut d'abord choqué par la *suffisance* avec laquelle la CE voulait négocier avec l'AELE, irrité ensuite aussi par la manière qu'avait Bruxelles de *nous tenir la dragée haute*. Mais Delamuraz ne l'aurait pas entendu ! L'historien vaudois n'était plus membre du gouvernement, mais c'est justement ce qui chagrina JPD. En réalité, c'est moins la divergence qui perturbera profondément JPD que l'entorse à l'usage voulant qu'on n'assène pas ouvertement une argumentation antigouvernementale lorsqu'on est encore nanti de l'autorité morale d'un ancien ministre, et que telle infraction morale a pour effet de fragiliser l'autorité d'un collègue dans l'exercice de sa tâche, qui de plus est son successeur spirituel et du même canton. Cette dissension au sommet d'un parti n'était cependant pas exceptionnelle. Otto Stich, ministre socialiste des Finances, ne soutint pas non plus son camarade Felber. Il en fut de même du ministre démocrate-chrétien Arnold Koller qui ne partageait pas l'avis de son coreligionnaire Cotti. Le seul collègue alémanique à appuyer le trio latin fut donc le Bernois Adolf Ogi (UDC), chef du département militaire et homme d'ouverture. En bref, les trois plus grands partis gouvernementaux étaient divisés. Le 7 décembre 2000 à Nice, devant la Conférence européenne, l'héroïque Ogi proclamait toutefois que les accords bilatéraux ne remplaceraient pas une adhésion, objectif de la politique européenne du gouvernement suisse. *Au cours de la prochaine législature,*

9 Nello Celio, *Démocratie en marche*, Berne, éd. Huber, 1972.

annonça ce fidèle collègue de JPD, *le Conseil fédéral prendra sa décision sur la réactivation des négociations avec l'UE. En vue de l'adhésion.* Il y a neuf ans de cela...

La discorde entre les deux grandes figures vaudoises ne fut certes qu'une tempête dans le verre d'eau helvétique, mais une tragédie quasi familiale et un combat fratricide au sein même du parti cantonal de JPD. Car *les siens ne l'ont pas reconnu*, comme il le disait volontiers lui-même. Ce fut déjà le cas en 1986 lors de la campagne pour une adhésion de la Suisse à l'ONU qu'il prônait. (Le « non » marqua un *tournant négatif*[10] de la politique étrangère suisse jusqu'en 2002 lorsque la Confédération devint enfin le 190e membre de l'Organisation). Cela devait se répéter avant la votation sur l'entrée de la Suisse dans l'EEE.

Embarrassant mais prévisible, le même phénomène de mésintelligence se confirme en filigrane dans la lettre que Kaspar Villiger, le collègue radical alémanique de JPD au gouvernement, adresse en 1993 à son collègue socialiste Felber, alors Président de la Confédération. C'était juste après le 6 décembre. Il voulait lui signifier que ce serait un *affront* (en français dans le texte) si le gouvernement devait amorcer, immédiatement après le refus de l'EEE par le peuple, des négociations parallèles à celles – déconcertantes – de l'Autriche et de la Suède en vue d'une adhésion[11]. Craignant à juste titre quelque précipitation diplomatique, le plus proche collègue de JPD proposait assez rudement une stratégie nouvelle, dont un programme de mesures visant au renforcement de la cohésion nationale puis des négociations avec l'UE, *là où il y a des intérêts communs*. Cela put passer pour un coup de pied de l'âne ; ce n'était qu'une façon de dire : ne comptez pas avec mon soutien ; il y a maintenant plus urgent que de faire mariner cette maudite adhésion. Le ministre des Finances craignait-il déjà pour la survie du secret bancaire ?

JPD n'avait-il pas entendu les conseils de prudence qui lui furent donnés en coulisse par quelques amis sûrs, dont le Vice-chancelier François Couchepin ? Il est vrai qu'il s'est acharné à relever les défis posés par une adhésion à l'EEE, alors qu'en 1991 encore, soit avant même que les négociateurs reçoivent leurs instructions, les choses se présentaient de manière incertaine. Il est aussi vrai qu'il ne calma pas ses ardeurs. Les risques accumulés de la négociation en cours faisant douter de son aboutissement, le futur Chancelier lui avait alors recommandé de (...) *prendre lui-même, en cas de doute, l'initiative de propo-*

---

10 Claude Altermatt, *La politique étrangère de la Suisse pendant la guerre froide*, Paris, PUF, coll. « Savoir suisse ».

11 Dans le *Tages Anzeiger* du 27.07.2009, Franz Blankart certifie avoir annoncé ces négociations.

ser au Conseil fédéral d'interrompre l'exercice plutôt que de passer pour celui qui a voulu, pour des raisons personnelles, poursuivre à tout prix les négociations[12].

Delamuraz persistait néanmoins à y croire. *Le chemin qui nous attend est exaltant*, se réjouissait-il déjà à l'interne en 1990. *Mes nombreux interlocuteurs, à l'Ouest comme à l'Est, attendent tous de la Suisse et aussi de l'AELE un rôle particulièrement actif sur ce chemin vers une Europe plus consciente de son sort commun.*

Programme de mesures gouvernementales ou non – ce ne fut qu'un plan de régulation interne –, le fait est que le peuple approuvera clairement les premiers accords bilatéraux, des accords qui, pour l'essentiel, reprennent les ambitions de l'EEE en les complétant. À moindre frais, il est vrai. Leur application elle-même ne suscita guère d'objections dans l'opinion publique. Curieusement ! À se demander, comme le remarque le professeur Schwok, *comment les Suisses ont pu pareillement s'enflammer sur un engagement (celui de l'EEE) qui, dans les faits, restait très limité* et que, depuis lors, la Confédération a de surcroît repris le droit de Schengen (libre circulation des personnes), non prévu par l'EEE !

Un « douloureux mystère » ?

Ce dont l'opinion publique ignora presque tout parce qu'on s'efforce à Berne de préserver l'autorité morale de la « coronna » administrative, c'est que l'« intendance » diplomatique n'est elle-même pas toujours sur la même longueur d'onde que son ministre. Le cas est relativement banal puisque assez largement répandu à la tête des États. En l'occurrence, la bisbille démontrait combien différentes peuvent être les sensibilités diplomatico-administrative d'une part et politique d'autre part. Elle illustrait enfin l'effet d'un défaut de consanguinité d'esprit au sein de ce qui aurait dû être une équipe soudée de négociateurs, ministres en tête.

Nous voulons parler ici des désaccords – bien connus à la ronde – qui finirent par éloigner JPD de son secrétaire d'État Franz Blankart. Diplomate chevronné, trop intellectuel pour être populaire, peut-être plus attaché à une *politique d'ordre*[13] qu'à une recherche systématique de concordance, le premier négociateur du ministre suisse de l'Économie éprouvait quelque peine à susciter la sympathie, voire le soutien d'un patron dont il n'avait, il est vrai, aucun des « travers » propres – charisme jubilatoire, goût des cabrioles verbales, la tête pas loin du

---

[12] Lettre personnelle du 15 avril 1991.

[13] Lettre à JPD du Président du Vorort, 04-08-1989.

bonnet, flair politicien, force d'empathie et autres « faiblesses » romantiques. Sa façon très personnelle de conduire les négociations sur l'EEE ne faisait elle-même pas toujours l'unanimité dans les milieux diplomatiques. Mais le peut-on ?

Ce n'est pas JPD mais son prédécesseur à l'Économie publique qui avait appelé ce fier diplomate à ses côtés. Sur le seul plan humain, le divorce était prévisible. À tel point que le « Vorort » (Union suisse du commerce et de l'industrie) s'émut en 1989 déjà d'une éventuelle *destitution* de son haut fonctionnaire préféré. Il n'en fut rien. Pour le subordonné direct de JPD et influent chef de l'Office fédéral des affaires économiques extérieures, le problème se résumait en un malentendu, voire un *douloureux mystère*[14]. Cela ne les empêchait pas de souvent tirer à la même corde, mais pas de la même manière. Sans doute le négociateur en chef de la Suisse ne ressentait-il pas les choses comme JPD. *Peut-être aurait-il fallu que je subisse une permutation génétique vaudoise*, plaisantait le professeur d'outre-Sarine en mal d'explication. En définitive, il acquit cette conviction – pas si fausse –, à savoir que son ministre tutélaire avait *surestimé mon intelligence et sous-estimé ma loyauté, ce qui a dû créer dans son psychisme une méfiance latente.* Simple allergie, aggravée par l'épaisseur des sentiments personnels ? En octobre 2002, au moment de faire ses adieux à l'Institut universitaire des hautes études internationales de Genève, dont il était l'un des éminents enseignants, le diplomate bâlois à la retraite fut moins nuancé et plus pointu dans son appréciation de la décision consacrée à Porto par Delamuraz et Felber, celle d'assortir formellement l'entrée de la Suisse à l'EEE d'une demande d'adhésion à l'UE. Il sortit alors du mutisme observé lors de la conférence de presse nocturne que les deux ministres suisses avaient convoquée pour annoncer que l'adhésion demeurait l'objectif stratégique.

Son réquisitoire est implacable et non dénué de logique ; il n'y avait donc pas qu'un « douloureux mystère ». *On ne peut être candidat à l'adhésion et négocier des accords bilatéraux équilibrés (...),* affirme l'ancien Secrétaire d'État décidément fâché avec Bruxelles. *Les chantages et les menaces vont continuer et s'intensifier, même si de telles pratiques sont de caractère hégémonique, inélégant et contre-productif. Déjà les premiers accords bilatéraux étaient, en termes de concession, plus chers que l'EEE et nous ont apporté moins en termes de substance, mais le peuple ne l'a pas remarqué, car il a voté sur des textes qu'on a refusé de lui envoyer à la maison.* Et Blankart, qui entre temps avait dû céder à son homologue des affaires étrangères la conduite de ces bilatérales, de suggérer avec force que le Conseil fédéral se décide et

---

14 Lettre à l'auteur, du 28.12.1998.

retire sa demande d'adhésion. De son point de vue, celle-ci ne peut qu'aider Bruxelles à mettre la Suisse sous pression, avec l'objectif qu'elle reprenne – comme futur membre – le droit communautaire sans nous permettre la codécision. *Ambiguïté* que cela, conclut-il, alors qu'*un retrait de la demande d'adhésion nous permettrait en revanche de tester des solutions équilibrées, soit une association sui generis, soit une EEE bis, soit les deux.* Le réquisitoire étant prononcé – non sans quelques solides appuis politiques et personnels –, l'ex-*alter ego* de Delamuraz sut tout de même déposer sa carapace de grand commis pour rappeler en conclusion les mythes du continent, l'Europe *conditionnée* (qu'elle est) *par l'esthétique et l'éthique, (...), la liberté, le droit et par la force de l'amour (...), point de départ d'un éternel retour, naissance et mort dans la synthèse du bonheur*. Quand même… JPD aurait apprécié ce « happy end », beaucoup plus que la manœuvre désespérée d'un haut fonctionnaire et formateur de diplomates, puis son ultime salve médiatisée pour dénoncer le prétendu « amateurisme » du Conseil fédéral.

Cette parenthèse pour dire à combien de fronts plus ou moins dévoilés et plus ou moins hostiles – fronts personnels aussi – s'exposait et se vouait Jean-Pascal Delamuraz pour faire comprendre sa *Weltanschauung*, ses raisons d'y croire, ses impatiences. Mais peut-être trop vivement, dès lors que son objectif demeurait politico-stratégique, niveau peu familier aux politiciens du quotidien – dont le ministre des Finances d'alors, le socialiste Otto Stich – comme à quelques « résidents » immobiles des beaux étages du Bundeshaus.

En tout état de cause, après le coup d'arrêt de 1992, le thème européen n'irradiait plus guère les esprits. En 1993, devant les membres de la Société suisse des industries chimiques, JPD se borna, dans le domaine économique, à évoquer les réformes et les ouvertures nécessaires, non sans rappeler la votation du 6 décembre passé. *En refusant l'EEE*, interprète-t-il à ce propos, *le peuple suisse n'a pas dit un non définitif à un aspect important de cette politique d'ouverture, en l'occurrence nos relations avec l'Europe*. C'était plus encourageant que de révéler que la non-appartenance à l'EEE aurait pour effet d'affaiblir la position de la Suisse au sein même de l'AELE, ne serait-ce qu'en l'écartant de toutes les concertations et discussions formelles de ses partenaires « aeliens » avec l'UE. Le risque en avait été discrètement dénoncé par celui qui occupait avec autorité le fauteuil ministériel de JPD dans les années 1960, l'Argovien Hans Schaffner, l'homme qui fut à l'origine de la fondation de l'AELE et qui, avec d'autres membres de cette association, tenta vainement, en 1962, une intégration économique avec la CEE. L'EEE n'avait pas son soutien, Delamuraz non plus. C'est ainsi que ce dernier dut affronter aussi la discrète opposition de ceux qui n'hésitent pas à démolir dans les coulisses ce qui se construit à découvert.

On ne lui tint pas rigueur du fait que ses prévisions ne se sont pas toutes concrétisées, qui annonçaient quelques revers économiques en cas de refus de l'EEE. Sollicité par la Suisse, le projet d'accords bilatéraux donna au moins à Delamuraz l'occasion de repartir avec un autre calendrier d'action.

Heurtées, laborieuses, compliquées parce qu'hyper techniques, à tiroirs ou en forme de poupées russes, les négociations helvético-européennes de ces dernières années transformèrent la valse-hésitation de Berne en rock répétitif. On tournait moins en rond mais on contournait ou marchandait durement ; on pensait pouvoir ainsi esquiver l'assujettissement d'une adhésion et quelque autre engagement stratégique à trop court terme. Du coup, la demande d'adhésion fut pratiquement gelée et l'est encore ; au moins, elle n'est pas retirée. Fort bien négocié, ce tournant diplomatique bilatéral eut au moins le mérite d'obtenir un soutien des milieux bancaires et patronaux, et même des partis de droite, l'UDC se bornant d'abord à ne pas s'y opposer, pour ensuite chercher à l'imposer… jusqu'à s'en trouver mal prise face au défi de la votation du 8 février 2009 sur la libre circulation des personnes avec extension à l'Est européen. Il lui parut plus rentable de resserrer les rangs de sa base anti-européenne en nourrissant la peur d'une immigration roumaine mal maîtrisée et de « roms » évidemment tous voleurs… D'où son lancement d'un nouveau référendum. La menace de référendums négatifs n'est jamais à écarter, même si ces accords éludent la question encore très sensible d'une adhésion, outre qu'ils sauvegardent, croit-on, la souveraineté nationale.

Les accords bilatéraux *se sont révélé une solution taillée sur mesure pour défendre les intérêts de la Suisse en Europe*, certifie le Conseil fédéral début 2009, lequel envisagera peut-être de se rallier à l'idée d'un mini accord-cadre, préliminaire à cette véritable association qu'avait préconisée l'ancien directeur de la division du commerce Paul Jolles. Mais c'était un autre style ; la Confédération s'efforçait astucieusement de prendre les devants au lieu d'avoir à réagir.

Accords bilatéraux : le cas suisse n'est pas prioritaire

Passé ce fameux « dimanche noir », les ponts ne sont donc pas coupés, loin de là, entre la Suisse et l'UE. Mais *plus la Suisse se rapproche de l'UE, plus les perspectives d'adhésion semblent s'éloigner*, observe froidement le politologue Schwok qui envisage déjà, en contrepartie, *la communautarisation induite par la multiplication d'accords bilatéraux et la reprise de nombreuses législations européennes (...).*

Pour JPD, une telle forme de satellisation ne pouvait que rendre l'adhésion plus nécessaire, une adhésion dont il ne voulait toutefois plus entendre parler tant il avait de peine à digérer la volte-face de Bruxelles et autres frondes personnelles, politiques ou diplomatiques. Pour sa part, l'opinion publique paraît aujourd'hui tolérer les pertes de substances découlant *de facto* de ces accords pourtant sur mesure, et en envisager d'autres, plutôt que de risquer de devoir renoncer, par une adhésion, aux concessions déjà engrangées. C'est aussi l'avis des milieux bancaires. Reste à savoir combien d'accords pourront être conclus sans que l'étau ne se resserre et, sauf nouvelle formule plus globale, ne crée à nouveau l'insécurité jusqu'au niveau du Conseil fédéral. On ne tardera pas à le savoir.

Dans cette perspective, on se rappelle la question piquante que l'ancien ministre français Jean-Pierre Chevènement adressa amicalement à JPD, en cercle fermé : *N'est-il pas inconvenant pour un État de s'aligner sur des décisions prises sans lui ?* Le couteau dans la plaie ! Difficile aussi de se départir de l'impression qu'on a de continuer aujourd'hui à repousser le problème. Jusqu'à quand ? Jusqu'à ce que, par l'effet de contingences extérieures, les faits donnent raison à Delamuraz ? Jusqu'à ce que la Suisse sache et dise vraiment ce qu'elle se veut ? Espérons-le : jusqu'à ce que les Suisses acceptent enfin de reconnaître que leur pays, lui, *n'a pas construit la paix en Europe. Il est toujours plus difficile de faire croire aux États-membres de l'UE,* avouait Felber, *que nous n'avons pas la même capacité de nous rapprocher d'eux que ce fut le cas, dans les années 1950, entre Allemands, Français, Italiens, Danois et Hollandais.*

Premier négociateur des accords bilatéraux sollicités par la Suisse, le subtile et discret Appenzellois Jakob Kellenberger, ancien Secrétaire d'État aux affaires étrangères (aujourd'hui Président du CICR) a bien su recentrer l'enjeu et le défi de l'adhésion à l'UE : *La question n'est, à mes yeux, pas d'abord une question économique et financière*, déclarait-il simplement en 1998. *Je suis pour une adhésion de la Suisse à l'UE, d'abord parce qu'elle permettra à notre pays une participation réelle à la construction européenne sur un pied d'égalité avec ses partenaires les plus importants. Ce sera bon pour la position et le rayonnement de notre pays en Europe*[15]. On est loin du sentiment satisfait que nourrissent ceux pour qui la conclusion de ces accords bilatéraux prouve qu'on peut continuer à *se débrouiller tout seuls !* On est, avec l'ancien *alter ego* de Felber, plus proche de JPD exhortant, dans ses adieux au Parlement, *à déchirer une bonne fois le nuage de morosité qui nous*

[15] *24 Heures*, 07.12.1992.

baigne depuis des années, ce nuage artificiel qui occulte, de dépression en dépression, le soleil de la pensée et de l'action.

Début 1993, les occasions d'actions politiques et diplomatiques n'ont donc pas manqué. JPD ne se déroba pas : foin de *Schadensfreude*, d'attitude revancharde ou de résignation dépressive. Résolu à ne pas occulter les conséquences du refus de l'EEE, il ne cacha pas que les démarches entreprises afin d'amorcer des pourparlers bilatéraux n'avaient pas fait bouger les choses, place Schumann à Bruxelles. Il fallait l'accepter ; les intentions suisses n'étaient pas la priorité de la CE. Celle-ci a bien voulu prendre acte des *desiderata* de Berne en ce qui concerne les entraves techniques aux marchés publics, à la propriété intellectuelle et au commerce, « sans plus ». La Suisse n'avait plus qu'à accepter que, dans sa position dominante, Bruxelles s'intéressait davantage aux relations avec l'EEE, AELE comprise. La Suisse devenue quantité négligeable ? Non, mais momentanément encombrante. Delamuraz doit faire comprendre au Parlement que *nous sommes maintenant partie prenante et non partie donnante*. Il sous-entend qu'il serait inconvenant et présomptueux de trop tirer les voiles et de le faire aussitôt. Il appréhende secrètement l'approche hégémonique de l'UE en vue de notre reprise éventuelle de l'acquis communautaire.

L'action diplomatique n'est pas plombée pour autant, bien au contraire. *Nous mettons les tours*, assura le commandant de bord Delamuraz, lequel ne put cependant s'empêcher de faire savoir que *la Communauté n'est pas naturellement favorable à ce rythme*. On était en mars 1993 et pas du tout sûr qu'en juin le Conseil des ministres donnerait un mandat de négociations pour le domaine ardu des transports. Peut-être convenait-il de prendre *un tout petit peu de champ*, se demandait JPD qui, pourtant, ne voudrait pas que la *nouvelle petite volonté d'ouverture ne s'ensable*. Dans les temps actuels, expliquait-il en avril avec des accents léonins, le repli sur soi serait pire que jamais : *Nous devons nous battre comme des lions, pour que, en respect absolu de la décision populaire, nous nous engagions dans la seule voie à notre disposition aujourd'hui (...) celle de l'approche bilatérale*. Auparavant, Flavio Cotti, le nouveau ministre des Affaires étrangères, avait lui aussi – sans être entendu – assuré le Conseiller national Christoph Blocher et ses partisans de la volonté gouvernementale de se lancer sur la voie bilatérale, mais aussi de participer à la construction européenne, de *nous ouvrir et non de nous fermer*. En passant, le successeur de René Felber signala cependant à son auditoire que *la CE n'est qu'une partie de l'Europe et que son architecture future est encore à créer*. Il imaginait que des bilatérales pourraient être suivies de négociations institutionnelles et alla jusqu'à dire sa conviction que l'opinion publique pourrait être entendue. Le collègue tessinois de JPD n'en restait pas moins sceptique quant au succès du bilatéralisme ; il invita le Parlement à ne se faire aucune illusion ; c'était encore l'expression d'un pessimisme bien rodé.

En dépit des quelques doutes exprimés par son préopinent collègue, JPD donna aux Chambres l'assurance que le Conseil fédéral menait « sans état d'âme » ses politiques extérieure et intérieure. Mais il estimait lui aussi qu'en des temps de multilatéralisme, la voie bilatérale était *extrêmement difficile, peu prometteuse, peu porteuse d'espoirs et de succès*. Quoique personne à Berne ne craignît que Bruxelles ne cherchât à pénaliser la Suisse à cause du 6 décembre 1992, JPD constata, un peu désabusé, que *les images d'Épinal de négociations conduites rondement sont malheureusement complètement dépassées*. Sans état d'âme, le Conseil fédéral et sa mission diplomatique à Bruxelles comprirent qu'à l'exclusion de toute intention moralisatrice ou flétrissante, la CE tenait à d'abord achever ses négociations avec ceux de ses partenaires qui, eux, avaient accepté le traité de l'EEE. Il fallait donc patienter encore.

Quoique passablement fragilisé, JPD en profita, sans état d'âme et sans rancœur, pour mettre au point un projet de dérégulation et se préparer aux bilatérales. De la négociation résultèrent sept accords, un seul paquet et... un référendum. Le 21 mai 2000, le peuple suisse acceptera ces accords à une majorité de 67,2 %, comme il approuvera en 2005 l'extension de la libre circulation aux dix pays ayant adhéré à l'UE en 2004, comme il dira oui à la participation de la Confédération au fond de cohésion destiné aux pays adhérents, oui enfin, en 2009, à l'extension de la libre circulation à la Bulgarie et à la Roumanie. Pas si mal, pour dire que les plus réticents redoutent encore que la Suisse ne se soit engagée sur une *voie colonisante*.

Dans son « Rapport Europe » de 2006, le Conseil fédéral dit attendre de l'UE qu'elle reste disposée à négocier des accords bilatéraux, ou alors et si ses conditions-cadres économiques devaient s'en trouver péjorées, il devrait adapter ses instruments de politique européenne. Berne semble en tout cas ne pas vouloir renoncer à un « degré de participation » aux décisions à prendre dans le cadre des accords actuels et futurs. Le Palais fédéral maintient aussi son attachement à une marge de manœuvre dans les domaines au bénéfice de l'autonomie héritée au niveau national, cantonal ou régional. La Suisse fait aujourd'hui l'impasse, défi supplémentaire qui a l'avantage de ne pas risquer le blocage, d'autant moins que le Conseil fédéral prévoit des alternatives. S'il est encore temps, parce qu'on n'est pas allé déjà trop loin dans la récalcitrance au projet stratégique d'adhésion ou que Berne et Bruxelles ont encore une idée commune du bilatéralisme.

Ce n'est pas (...) en mettant la Suisse sous une cloche à fromage que nous pourrons donner un avenir à son économie, avisait JPD au cours de l'été 1992. *Il y a là un effort considérable à faire pour les milieux politiques, culturels et économiques, car les partisans du repli occupent déjà l'avant-scène.*

CHAPITRE IV

Évaluation et perspectives : une Suisse européenne en berne ?

Je suis dans un temps
où les choses ont cessé d'être
proches
intelligibles
compatissantes
(Tiré d'un poème de Nicolas Bouvier)

Lesquels ont vraiment fait l'Histoire ?

Les résultats des dernières votations sur les accords bilatéraux auraient rassuré JPD. On pourrait même croire que l'influence personnelle de son discours et le souvenir qu'on a de son action européenne ont joué et jouent un rôle historique dans la formation d'une idée un peu plus tempérée qu'on se fait maintenant du processus d'intégration et de la participation helvétique à venir.

Vraiment ? JPD serait-il déjà entré dans l'Histoire ?

Dans l'ordre chronologique, suivant les règles de la perspective et au gré des lois de l'impondérable, il y a un temps pour les hommes, un temps pour leur histoire et un temps pour l'Histoire, chaque étape ayant son lot d'illusions. C'est en général selon que les phénomènes et les faits vécus furent manifestement déterminants, du court au très long terme, sur les plans politique ou institutionnel, étatique ou humain. Quant aux hommes, il y a ceux qui ont fait l'Histoire, ceux qui la font ou croient la faire parce qu'ils sont amenés à signer des événements qu'ils n'ont eux-mêmes pas voulus. On trouve aussi des victimes de l'Histoire et de grands hommes bénéficiant de son indulgence. On ignorera ceux qui se contentent de la mettre en scène. D'une manière générale, la prudence n'a que rarement fait les grands hommes et les hauts faits, ceux qu'on peut, selon les historiens, *recommander à la mémoire des siècles.*

Qu'on se remémore ces hommes marquants ou qu'on les ait oubliés n'a pas forcément à voir avec l'impact momentané de leur rôle, direct ou indirect. On le sait, ce n'est pas toujours l'homme qui forge l'Histoire ; c'est le plus souvent l'Histoire, voire la littérature et le théâtre qui peu à peu génèrent et peuvent magnifier l'homme dont on se souvient après des siècles ou des décennies. *(...) Car, probablement, s'il eût été mis à l'épreuve, c'eût été un grand roi,* conclut le Prince de Norvège à la mort d'Hamlet[1], « Prince de Danemark » réputé fort, droit et courageux mais en proie à la perplexité et aux fantasmes. Question d'angle optique et de décryptage du personnage en cause, outre une différence essentielle entre l'observation journalistique instantanée, la chronique *des raconteurs du passé* et l'œuvre littéraire, entre leurs vocations et leurs angles de vue respectifs, dans la *brèche* (…) *entre le passé révolu et l'avenir infigurable* d'Hannah Arendt.

Entrant dans la légende, JPD eut droit à son buste sur un quai lausannois rebaptisé de son patronyme – exceptionnel en Suisse

1 « Hamlet » Acte V, scène II.

Ces distinctions sont évidemment à relativiser, ne serait-ce qu'en raison de leur schématisme et de leur académisme. Car il faut compter aussi avec l'érudition, les sources, la nationalité, la méthode, l'indépendance critique et l'humeur de ceux qui écrivent l'Histoire, et peuvent l'écrire sous le signe d'un déterminisme délibéré. Sans oublier ceux qui la réécrivent ou la nuancent au gré de périodes répétées de décantation, quelquefois au nom d'une improbable neutralité scientifique. De plus, interviennent l'influence des traditions et l'irradiation des légendes, lesquelles « déviations » peuvent primer des faits matériellement constatés. Ou encore, des faits têtus finissent par contredire les préjugés d'historiens en vogue, trop neufs pour être au courant du dessous des cartes ! Enfin, il peut y avoir interférence des situations personnelles et collectives, comme il y a par ailleurs interaction entre l'histoire et la géographie. D'où la relativité inhérente aux conquêtes successives et renouvelées d'une prétendue « vérité historique ». D'où la nécessité du recul dans l'évaluation, selon le principe de précaution. D'où le doute autorisé, dans l'attente que les historiens accordent leurs « imaginations reconstructives » après avoir dû constater, comme d'autres avant eux, que la mémoire des vivants ne vaut pas toujours les archives des morts, et que l'histoire balancera toujours entre objectivité et subjectivité, sans toujours éviter l'ambiguïté. Pour l'académicien Jean d'Ormesson, *le passé est un imparfait, hier n'a pas aujourd'hui le sens qu'il aura demain, et il ne s'expliquera que par le futur.*

On s'interroge longtemps sur les cheminements des historiens, ou de ce qui a pu en tenir lieu, Richelieu par exemple. *Qui était le vrai Louis XIII*, se demande ainsi Françoise Hildesheimer, conservatrice en chef aux Archives nationales françaises et historienne, *le beau jeune homme de Rubens ou le cacochyme vieillard des historiens ?* Façon de se demander si le père de Louis XIV n'a pas été *prisonnier des mots du Cardinal et de leur agencement rhétorique*. En déterminant patiemment, telle l'« Araignée », les contours actuels de l'Hexagone, le cynique et subtil Louis XI a peut-être fait l'Histoire de France autant que Napoléon. De Gaulle et Churchill n'ont-ils pas écrit l'Histoire du continent moins par leur combat du nazisme qu'en redonnant à l'Europe son autorité morale, sa crédibilité démocratique et une cohésion renforcée ? Toutes passions apaisées, les révolutionnaires sont presque tous passés du rang de sauvages belliqueux en quête de pouvoir à celui de dirigeants vertueux et idéalistes, quand ils n'ont pas été auparavant éliminés en raison des souvenirs encombrants que leurs seules existences avaient le tort de rappeler, ou simplement supplantés par des seconds couteaux plus « pragmatiques » ou moins compromis. Le cas est classique ; il relève autant de la comédie que de la tragédie.

Donnons quelques exemples suisses. Durant la Seconde Guerre mondiale, donc au gré de circonstances exceptionnelles, le Général Henri Guisan, entouré de brillants esprits, marqua l'histoire suisse à lui seul davantage que n'importe quel membre du Conseil fédéral. Il n'eut certes pas l'occasion de conduire les troupes suisses au combat. Mais il sut faire en sorte que l'armée devienne une force dissuasive et qu'elle jouisse d'un soutien populaire sans faille. On trouve encore son portrait dans maintes auberges de province ; ce n'est le cas que de rares ministres fédéraux, et en moins durable. D'autres sorts historiques méritent cependant d'être cités : celui du Conseiller fédéral Louis Ruchonnet (1881-1893) dont la statue rappelle aux Lausannois qu'il fut un grand négociateur et un visionnaire, celui de Frédéric de la Harpe qui a son île en face de Rolle, ceux des rayonnants conseillers fédéraux Henri Druey, Giuseppe Motta, Rudolf Minger, Max Petitpierre, Kurt Furgler ou Willy Rischard, voire celui du Conseiller national Daniel Brélaz qui, en 1979, aurait été le premier écologiste à siéger dans un parlement national. On peut enfin faire confiance au rédacteur en chef du *Temps* lorsqu'il prévoit, en référence à sa *stature*, que l'histoire *distinguera* Pascal Couchepin lorsqu'elle *fera son tri*.

En dehors du cercle des hommes politiques, il y eut évidemment Gottlieb Duttweiler, le fondateur de la coopérative « Migros ». Le cas de Nicolas G. Hayek, « prophète de carrefour » et grand entrepreneur de l'horlogerie suisse, vaut aussi d'être mentionné. Incontestablement, il a déjà exercé une influence sur l'histoire de l'économie suisse et ne veut pas s'en priver. Cela a commencé en 1983 lorsqu'il obtint la fusion de deux groupes d'horlogers alors moribonds, dont quelques grandes marques aujourd'hui en très bonne forme : une véritable révolution stratégico-technologique. Trois ans plus tard, c'est la réalisation à son compte de la géniale idée d'une montre de qualité en plastique. Cela continue aujourd'hui avec d'autres projets visionnaires. Son opinion a de la force et du rayonnement, ceux d'un franc-tireur toujours en embuscade.

Enfin, qu'on le souhaite ou non, le leader nationaliste Christophe Blocher aura, par son populisme à forte tendance nationaliste, lui aussi marqué l'histoire politique du pays. La campagne pour la votation sur l'EEE lui offrit l'occasion de porter la stratégie de son parti au niveau fédéral et il sut en profiter.

Des Conseillers fédéraux sans pouvoir personnel

Tout autre est le cas de l'action potentiellement historique d'un conseiller fédéral. Son évaluation repose sur des paramètres politico-historiques propres. Elle répond à des critères institutionnels qui, tous, évoquent par eux-mêmes la singularité du système politique helvétique.

Le parallélisme est si flagrant qu'il nous paraît expliquer le peu d'intérêt que suscitent en Suisse même, chez les historiens ou dans les universités, la vie et l'œuvre des quelque cent conseillers fédéraux – un quart de Romands – qui depuis 1848 ont présidé au destin de leur pays. Sur ce plan-là, les ministres francophones ne sont pas les mieux servis. Tolstoï le Grand ne les en aura sûrement pas consolés en les assurant que *les peuples heureux n'ont pas d'histoire*. Peut-être auront-ils compris d'eux-mêmes que le pouvoir n'habite pas forcément tout le champ de l'Histoire.

Le pouvoir use ceux qui ne l'ont pas, disait un homme politique italien proche de l'univers de Mazarin, cité par Umberto Eco[2]. S'il fallait exprimer en deux mots ce qui a manqué et manque cruellement quoique légitimement à chacun des sept sages du gouvernement collégial des Suisses pour vraiment captiver l'attention des chroniqueurs, on osera dire : le « pouvoir personnel », le fascinant pouvoir. Le cas de Jean-Pascal Delamuraz est à cet égard objectivement exemplaire. Personne n'oserait le lui reprocher : il ne pouvait écrire une page de l'Histoire suisse à lui tout seul, en sa qualité de membre du gouvernement collégial d'une démocratie participative. Sur le plan de l'intégration européenne, c'est ce gouvernement qui lui a donné, à lui comme au ministre des Affaires étrangères, le mandat de négocier une entrée dans l'EEE, de plaider cette cause *urbi et orbi* puis de la soumettre au peuple après avoir tout entrepris – avec l'appui fragile de ses six petits camarades – afin d'obtenir le double oui du peuple et des cantons. En refusant ce projet faiblement défendu, c'est le peuple et les cantons qui ont fait l'Histoire, pas le Conseil fédéral. Sinon, par défaut.

En matière de relations extérieures, on assiste en outre à un phénomène relativement récent, lequel découle de la mondialisation et de l'interaction internationale des événements politiques. Or ce phénomène a pour effet de combiner, parfois de neutraliser les responsabilités diplomatiques de chacun des sept ministres suisses dans une sorte de cogestion, elle-même pas toujours collégiale. Pas exclusivement suisse, une telle polyphonie résulte de la fission d'une activité diplomatique ne relevant plus de la tâche exclusive du ministère compétent. Même la culture n'y échappe pas. Il ne s'agit pas à proprement parler de la diplomatie vouée, selon la définition officielle, à *entretenir des relations pacifiques*, mais de toutes pratiques de relations extérieures, celles des négociations y compris. *Véritable toile d'araignée, le business et les négociations à caractère politique ne cessent de s'entrecroiser*[3]. Il n'est en réalité plus de domaine politique qui n'ait pas quelque part une

---

[2] Cardinal Mazarin, *Bréviaire des politiciens*, éd. Arléa, 2007.

[3] « DB international » Créart Events SA, Favargny, septembre 2006.

contingence internationale. C'est le jeu dominant de l'interdépendance des États par intrication des événements, la fin du « chacun pour soi ». Ce maillage est flagrant au niveau des sécurités extérieures, et même intérieures. Il devient toujours plus visible au plan du processus d'intégration européenne puisque, par l'exercice d'un réflexe européen désormais contraignant, il implique pratiquement toutes les charges ministérielles importantes. Difficile, dans ces conditions, de désigner lesquels des magistrats en fonction exercent une influence historique sur le plan diplomatique. Ou alors, Bruxelles serait heureux de le savoir...

Croire qu'un ministre fédéral suisse, aussi actif et bien inspiré soit-il, puisse faire l'Histoire de son pays reviendrait enfin à nier cette autre composante historique : l'instinct helvétique de *résistance républicaine* au pouvoir fort comme aux grands desseins personnels. De cette résistance découle, au niveau fédéral, la recherche patiente des passages obligés de la concordance, au gré du laminoir de la collégialité gouvernementale (G.-A. Chevallaz l'a exprimé sans ambages ; aucun de ses pairs ne l'a jamais contredit sur ce point-là). C'est ainsi que l'histoire politique suisse est probablement l'une des moins personnalisée au monde, Guillaume Tell, Nicolas de Flue (*Ne vous mêlez jamais des affaires des puissances qui vous environnent !)*, le Genevois Jean Calvin et quelques autres mis à part. Si l'on se réfère à la distinction de principe faite par le professeur « sorbonnien » Philippe Braud, on remarquera que le champ politique de l'histoire suisse est moins le lieu où s'affrontent des acteurs que l'évocation d'un processus, *enchaînements dynamiques de phénomènes qui, à la limite, rejettent à l'arrière-plan, voire effacent la notion même de « sujet »*[4]. Chez nous, ce « sujet » ne pourrait même pas être le chef de l'État puisque son « autorité » est incarnée par les sept conseillers fédéraux, hormis des circonstances ou exigences protocolaires internationales.

JPD aurait sans doute infléchi l'Histoire suisse si, de par son engagement personnel – pourtant puissant –, il était parvenu à renverser la tendance. Il aurait suffi de trois dizaines de milliers de voix. Et encore, il aurait eu à en partager le mérite avec son collègue Felber, mérite qui aurait été aussitôt récupéré par le Conseil fédéral *in corpore* puis par un parlement pourtant plus velléitaire que persuadé. L'Histoire en a décidé autrement, par la volonté du peuple, ou plus précisément celle de cette partie de la population opposée au consensus des élites. Comme tous les hommes de l'Histoire, Delamuraz et Felber ont joué en pariant sur l'effet positif d'une chimérique quoique diplomatiquement indispensable perspective d'adhésion. Et ils ont perdu. En tout honneur. *Innombrables sont les destins historiques tissés d'erreurs*, disait de Gaulle. *On*

4 *La Science politique*, Paris, PUF, coll. « Que sais-je ? », 1986.

ne fait rien de sérieux si on se soumet aux chimères, mais que faire de grand sans elles[5] *?*

Les deux ministres romands ont perdu en tout honneur, mais surtout dans la solitude d'un certain désert spirituel. Au niveau de leurs fonctionnements personnels, de leurs convictions, de leurs influences, de leurs actions et de leurs personnalités, les Conseillers fédéraux vivants ne peuvent que très rarement tirer profit d'une appréciation « en direct » par l'intelligentsia helvétique. De fait, on assiste aujourd'hui à un regrettable déficit au niveau de la sensibilisation de notre société citoyenne : chimère ou réalité, tourmentes ou bonnes heures de la politique suisse n'inspirent pratiquement plus les écrivains de ce pays. On les sent actuellement à l'écart du forum politique, de moins en moins tentés par l'écriture engagée. Ou alors, comme Jacques Chessex, leur faut-il ressusciter le passé, ou bien comme Etienne Barilier, romancier et essayiste romand s'attachant autant aux fondements des institutions culturelles qu'à l'actualité politique, ou enfin, comme le fit Thomas Hürlimann, Prix de littérature de la Fondation Adenauer, pour simplement accompagner le passé avec son père Président de la Confédération. Le jeune écrivain Lukas Bärfuss (Prix Schiller) a trouvé une explication à ce curieux silence des intellectuels : la rapidité des temps modernes n'est pas propice à leur réflexion. L'extrême complexité des problèmes nous incite à penser qu'il est ardu aussi d'en dégager l'essence littéraire. Du coup, nos gouvernants se trouvent privés d'esprits indépendants les incitant à vérifier leurs repères ou les grandissant pour les mieux préparer à entrer dans l'histoire. L'écrivain alémanique Hugo Loetscher vient de faire exception avec son « Schweizerstunde » paru dans le quotidien allemand *Die Zeit* qui, à propos du Swissness (condition suisse), constate que *la nouvelle donne européenne nous force à repenser ce qui fait que la Suisse est suisse*, façon magistrale de donner le ton ou tout au moins de provoquer l'improbable débat des intellectuels suisses.

Les pantoufles contre soi

Quant au rôle et à l'influence de J.-P. Delamuraz, il s'agit donc d'évaluer une aventure personnelle dans la perspective historique, en l'occurrence celle du devenir européen de la Suisse. L'ensemble de son œuvre peut d'autant moins échapper à une évaluation globale qu'elle est encore récente, dans les cœurs et les esprits. Ce n'est pas jouer les rabat-joie ou les pisse-froid, croyons-nous, que d'en considérer objectivement la problématique.

---

[5] A. Malraux, *La corde et les souris*, Paris, Plon, 1976.

Alors quoi ?

Pour aller du particulier au général, on reconnaîtra à JPD le mérite d'avoir forgé tout seul son rôle national et activement participé à l'histoire de son pays par la force rayonnante de son tempérament, de sa volonté et de son verbe, porté par des circonstances et une ambiance auxquelles il contribua largement. Tout compte fait, on l'a moins débité de son échec avec l'EEE qu'on ne l'a crédité d'avoir été ce qu'il fut, presque toujours maître du jeu. Mais il aurait mérité une autre fortune. S'il a momentanément fait l'Histoire du pays, c'est d'abord celle d'un Conseil fédéral auquel il a prodigué un apport exceptionnel, sorte de plus-value à son autorité et à sa cohésion, plus difficilement à sa cohérence. Il a grandi et humanisé la fonction gouvernementale en renforçant momentanément sa proximité avec le peuple et par ses encouragements à une nouvelle vivacité, à une clarté plus communicative, à un respect franc et constant des décisions collégiales. *Tempi passati...*

En ce qui concerne les relations Suisse-Europe, Delamuraz s'est employé, dans sa communication, à vulgariser le processus d'intégration – il y a encore de quoi faire – et, par une ouverture suscitant la confiance, à améliorer l'image extérieure d'un État jugé par trop soupçonneux. Il a semé *la bonne semence* d'un engagement plus clair en faveur de l'intégration de la Suisse à l'Europe, pour le moins enrayé la pousse de l'ivraie. Cela, dans une perspective historique et culturelle chatoyante, avec des accents lyriques inédits en Suisse. On concédera ainsi qu'il fut la figure de proue du brigantin européen[6] à pavillon suisse. Paneuropéen mais pas « européiste » (il n'aimait pas beaucoup les mots en « isme »). Son mérite principal résidait dans sa capacité à fomenter des relations personnelles et confiantes entre Berne et Bruxelles, quitte à contourner un cadre diplomatique parfois empesé ou opiniâtrement formaliste. Ces relations-là ne demandaient, pour être fructueuses et durables, qu'à être entretenues par une pratique régulière, soutenue par une écoute attentive, bref par une ouverture qui va bien au-delà de l'observation à distance et de la défense d'intérêts immédiats. L'œuvre de JPD n'était pas celle d'un quelconque Paladin en quête d'aventures européennes. Elle fut systématique et délibérée, marquée et reconnue.

Vu de Berlaymont, au quartier général de la Commission, Delamuraz était d'abord le digne représentant d'une *Suisse témoin de l'Europe* et *démocratie – témoin*, l'homme d'État qui montrait à ses compatriotes l'étroit sentier pouvant conduire leur pays vers une sorte de fédération européenne idéale. Dans la ligne des Max Petitpierre, Pierre Graber et Jean Monnet, il s'escrimait ainsi à promouvoir l'idée d'une Europe

[6] Le bateau préféré des pirates de la Commune libre et indépendante d'Ouchy, dont il était.

fédérative, si ce n'est même d'une helvétisation de l'Union européenne. D'où aussi sa volonté d'améliorer l'image de la Suisse réelle. Dans le meilleur des cas, cela pourrait amener certains milieux europhiles français à reconnaître une exemplarité au cas helvétique, plutôt que de s'en tenir à l'idée que la construction des États unis d'Europe est une entreprise absolument nouvelle.

Son discours ne convainquait pas tout le monde dans la mesure où la dialectique « delamurienne » ne galvanisait pas toujours l'auditeur alémanique. Il le savait mais, dit le proverbe, *il n'y a de bon vent que pour celui qui sait où il va.* Ni les tempêtes passées, ni les écueils heurtés, ni les orages annoncés ne l'ont empêché de maintenir la voilure, celle qu'il avait contribué à étendre pour l'Expo nationale de 2002. Son ambition était essentiellement historique dans la mesure où, comme la définissait Malraux, elle était *l'espérance d'agir sur de grands événements*, à commencer par prévenir toute momification de la Suisse.

D'une publication de Bruxelles sur le thème de la période fondatrice de la commission, il ressort que les *grandes vertus* des acteurs de l'époque furent *imagination, vision à long terme, enthousiasme et ténacité.* L'imagination et l'enthousiasme de JPD sont indéniables. Quant à l'importance de son influence, elle devrait être considérable parce que son action fut précisément tenace et visionnaire. Ministre tenu à l'écart de l'UE, il n'était cependant pas sur le circuit européen. Son influence fut-elle décisive ? Le temps, la force et le pouvoir lui ont finalement manqué plus que la volonté. Les événements, la conjoncture, le jeu des opinions et sa vive impatience l'ont moins aidé que sa capacité conjonctive et la cohérence de son discours ne l'autorisaient à l'espérer. Un homme d'État a beau être entré dans le Larousse – très modestement dans le cas de JPD comme d'autres ministres suisses –, son importance historique dépend, en fin de compte, davantage d'événements conduits, vécus ou subis que de son impact personnel.

Le *cursus honorum* de l'homme politique le plus populaire mais pas le moins crédible n'échappe en outre pas aux caprices des tendances et du genre humain. Delamuraz l'a vécu tristement au sein même de son parti et dans son canton, un canton réputé pour ses divisions politiques, souvent peu en veine de souffle d'esprit. Alors qu'il avait précisément besoin du soutien de ses coreligionnaires et compatriotes les plus proches, les opinions des villes et campagnes vaudoises variaient au gré d'imprévisibles et parfois sourdes opportunités, où la versatilité trahit plus de peur ou d'inconstance qu'elle n'exprime de volontés de changements. Pour autant, il y a très peu de risques qu'on dénigre un jour JPD ; disparu de la scène politique, il ne fera plus d'ombre à personne. Et surtout, comme le disait Bonaparte, *avoir eu les pantoufles contre soi n'est tout de même pas rien.*

Mélomane à ses bonnes heures – comme Armin Jordan jadis, le Maestro Charles Dutoit le confirmerait –, l'héritier malheureux du vote sur l'EEE aurait apprécié qu'on le dise compositeur pathétique d'une œuvre inachevée, plutôt que victime innocente de la *vox populi* ou frustré dans ses ambitions européennes et personnelles. Il a accusé le coup. S'il a bien survécu à ses dernières blessures morales, celles-ci ne furent néanmoins pas étrangères aux accidents de santé – aggravés d'une usure prématurée à moins de 60 ans – qui commencèrent à le miner quelques mois après le douloureux désaveu de décembre 1992. Ingratitude d'un engagement forcené, mystère du psychosomatisme ? *Ce n'est pas ce qu'on supporte mais la manière de le supporter qui est importante*, semonçait Sénèque. Doté d'une nature impétueuse et porteur d'une profession de foi bien ancrée, sa vision s'en trouva, en fin de course, autant confortée que son action avait été entravée. Passé le « dimanche noir », il aurait « pu » longtemps encore et il le souhaita ardemment. Son corps finit par en décider autrement, ne lui laissant que le temps de franchir la porte étroite des bilatérales et de rappeler l'urgence qu'il y avait à arrêter un choix historique, *aussi déchirant puisse-t-il être*. Il n'admirait pas Churchill pour rien. *Ces quelques mots de défi au destin lui donnèrent soudain une stature de héros mythique*, observa Claude Monnier, éditorialiste de *24heures* et directeur écouté du *Temps stratégique* : *... à terre, ensanglanté, vaincu, mais s'arrachant du fond de lui-même pour se redresser avec orgueil et repartir au combat.*

JPD entra ainsi dans la légende, eut droit à la médaille Jean Monnet – comme d'ailleurs Felber, Ogi, Kohl, Prodi et autres chefs de gouvernement étrangers –, à la présidence d'honneur du NOMES, à son entrée à la Fondation Coudenhove-Kalergi (du nom du visionnaire qui, en 1923 déjà, avait un projet de « Fédération paneuropéenne »), au titre de Dr *honoris causa* de l'EPFL (École polytechnique fédérale de Lausanne), à son buste sur un quai lausannois rebaptisé de son patronyme – exceptionnel en Suisse ! –, à son « Espace » à Moudon, une « Place » dans sa commune d'origine de Longirod et à Paudex, et à un premier livre que d'autres ministres suisses « mériteraient » aussi, sauf qu'ils n'ont pas donné la si forte impression d'avoir eu raison trop tôt, sauf que la mort n'a pas coupé leur élan et… que ce n'était pas lui. L'a bien saisi aussi Claude Monnier : ... *surtout parce qu'il était l'un d'entre nous et que cela se sent.*

Cela dit, notre nouveau « héros » fut quand même la victime, parfois résistante quoique non apostasiante, des contraintes d'une démocratie omniprésente. À l'évidence, les exigences démocratiques ont l'avantage de consolider, en les validant à la base, les engagements essentiels des autorités, à l'intérieur comme à l'extérieur. Aliénantes contraintes cependant. JPD connaissait et appréciait trop Montesquieu, comme aussi le Lausannois Benjamin Constant, pour se rebeller contre le jeu des pouvoirs et contre-pouvoirs ou autre mécanisme démocratique capable de circonscrire les sphères d'influences. Il « faisait avec », bien conscient du mérite historique qu'il y a aussi à remonter le courant pour atteindre ses objectifs.

Il lui fallut donc accepter que le moins mauvais des systèmes politiques engendre parfois une certaine violence dans ce qu'elle peut avoir d'imprévisible et d'inexorable, quoique de politiquement respectable, celle que génère la voix du peuple en toute bonne foi. Définitifs, les verdicts populaires ne sauraient pourtant l'être que si les autorités renoncent à prendre le risque de revenir à la charge en temps voulu, les esprits ayant évolué ou les conditions se faisant meilleures. On le sait sous la coupole fédérale, quoiqu'on y peine à comprendre ou accepter une évidence avérée : toute vérité immuable n'aide pas à s'orienter dans un monde sans cesse changeant. *Les esprits les plus clairvoyants savent que l'immobilisme est mortel,* écrivait Pierre Béguin en 1964 à propos de *la résistance du lien fédéral à l'épreuve du temps et des forces centrifuges*. L'ancien directeur de la *Gazette de Lausanne* – patron respecté du jeune correcteur intérimaire Delamuraz – concluait cependant : *Ils savent, en dernière analyse, que nous avons su traverser d'autres orages*[7].

Mais encore faut-il, selon Aristote, *faire la part de la tradition prudentielle classique pour ce qui est de la connaissance et la part de l'expérience ajoutée à l'intuition pour ce qui concerne l'action.* JPD savait garder ce difficile équilibre.

JPD, machiavélien et calvinien ?

Y a-t-il encore place pour de nouvelles perspectives entre la réflexion prudente ou l'attentisme d'un côté, l'accélération du rapprochement bilatéral, avec ou sans l'adhésion à bout touchant, de l'autre côté ? On veut le croire. Il convient seulement de savoir manœuvrer, tout en évitant les écueils intérieurs : entre le blocage et la frustration, la peur et l'impatience, la suffisance et le fatalisme, la fidélité extrême au patrimoine historique et le « grand chambardement » (thème central d'une série de débats de la Télévision Suisse Romande au sujet des relations Suisse-Europe) pour le changement.

Tout machiavélisme mis à part, ne peut-on attendre aussi du Prince qu'à défaut de choisir d'emblée un comportement déterminé, il sache considérer sans duplicité la réalité mouvante à laquelle il faudra bien s'adapter – donc *se rendre apte* – si l'on veut préserver l'existence de

---

[7] *Le Monde*, 3. XI. 64.

son État ? Et d'un peuple souverain, espérer qu'il étende sa vision aux besoins, ambitions et expériences d'une jeune génération plus au fait de la mutation des choses ? Les circonstances extérieures plaident en faveur d'une telle ouverture. Car il pourrait ne s'agir, en réalité, que d'une chance à saisir. C'est ce que croyait JPD et qui lui servait de refrain, persuadé qu'il était de l'opportunité de s'adapter sans tarder, sans pour autant se mettre au diapason. Où il faut cependant accepter que les ministres du gouvernement helvétique peuvent ne pas tous avoir le même sens de l'urgence, un égale talent pédagogique, ni la même appréciation des circonstances auxquelles il conviendrait de s'accommoder ou de résister, ni la même capacité d'anticipation, ni la même hardiesse stratégique. Les sept pilotes de la Confédération ne naviguent pas toujours de conserve. Cela se sait, et se sent. Cela pourrait être pire s'ils étaient neuf...

Delamuraz, machiavélien et calvinien ? Un peu des deux, dans le sens où le démontre l'humaniste Metin Arditi, auteur vaudois d'un essai réconfortant[8] sur la rencontre politique du Secrétaire florentin et de « l'encombrant » réformateur, la jonction du « Prince » et des Évangiles. Tous deux pensaient que c'était à la fois un devoir et une responsabilité que d'adapter, en toute occasion, son action aux circonstances. Avec, pour corollaire possible, la transgression d'une morale dépassée. ... *Car les lois que chaque supérieur a en son pays,* remarquait Jean Calvin cité par Arditi, *ne sont pas simplement préférées à celle-ci (la loi de Dieu baillée par Moïse) comme meilleures : mais, selon la condition et circonstance du temps, du lieu et de la Nation.*

Le mouvement romand « Nés le 6 décembre 1992 » était lui-même d'avis qu'une participation à la construction européenne favoriserait *la remise en question de nos structures et de nos institutions.* Et de scruter l'horizon dans l'espoir de voir se lever et agir des personnalités de l'étoffe d'un Delamuraz, *capable de penser, transmettre, convaincre et mettre en mouvement une population.* Le journaliste Pierre-Antoine Stauffer l'a dit en termes plus littéraires, mais non moins forts : *JPD savait qu'il n'y a pas de fatalité nationale et qu'une culture, à moins d'être le tombeau de sa propre grandeur, doit savoir aussi se délester de certains de ses legs, rompre avec les usages, parfois même les profaner pour se renouveler*[9].

Il ne s'agit pas ici de quelque « delamurisme » à faire renaître. Il n'y a jamais eu de « delamurisme », encore moins de dogmes personnels. Il avait surtout une manière de dire et faire les choses. Il le répétait, sans toujours être compris entre Olten et Konstanz : *Ce n'est pas la façon de*

---

8 *Le mystère Machiavel*, Carouge-Genève, éd. Zoé, 1999.

9 *L'Hebdo*, 07.10.1998.

faire qui compte, mais la manière. On en revient indirectement au verbe. Or il ne suffit pas, dans cette Suisse plus diverse qu'unie, de faire passer de part et d'autre de la Sarine la même *parole oraculaire*, le même *verbe enivré*[10], bref un discours ardemment visionnaire, celui d'un JPD qui ne s'embarrassait pas trop – pas assez ? – de calculs, de statistiques, d'arguments d'épicerie, de références juridiques ni même nostalgiques. Mais encore faut-il que les circonstances et la conjoncture se prêtent à la communication. Car ses destinataires peuvent être tentés de lui préférer *a priori* la « réalité » de quelques contingences immédiatement menaçantes : immigration forte, peur du plombier polonais, fantôme d'une vague islamiste, croissance du chômage ou incident diplomatique tels les propos « inacceptables » du ministre des Finances d'un État voisin, lequel ministre – tout comme le Conseil fédéral – ignorait pourtant ce proverbe « peul » bien connu à Ouagadougou : *Si quelqu'un t'a mordu, il t'a rappelé que tu as des dents*.

Malheureusement, l'exemple ne vient pas des membres actuels de l'UE. Or il faudrait qu'en Suisse même, dans ses vallées profondes, on sente la fierté des « 27 » d'être bénéficiaires d'un marché intérieur et d'une union politique qui maintiennent la paix dans le continent, fierté d'une notable stabilité et d'une monnaie en bonne santé, satisfaction régionale, comme c'est le cas en Bavière ou en Catalogne, du profit dégagé de la politique européenne. Car on en est aujourd'hui à se demander si ce sentiment européen existe. Le Premier ministre luxembourgeois Jean-Claude Juncker a raison de souhaiter l'entendre au moins s'exprimer. Mais encore faudrait-il que, à l'approche d'élections européennes, les candidats commencent par se distancer de leurs argumentaires nationaux pour s'intéresser en priorité aux enjeux de l'Union européenne, d'une union qu'on souhaiterait – c'est vrai – mieux maçonnée.

Pour l'heure, la Suisse est ce qu'elle est, un État dont l'évolution est constamment freinée par les procédures lourdes et complexes de son système démocratique et du fédéralisme d'exécution, notamment lorsque les stratégies cantonales contrarient celle de la Confédération. Mais elle est un État dont on loue encore la belle stabilité. On l'envie sans toujours se rendre compte que celle-ci vit aussi d'une plate prudence et d'un curieux manque de confiance en soi, sans non plus en mesurer les effets restrictifs sur la capacité d'action de l'État, le rythme de ses décisions. S'ajoute qu'un usage trop fréquent du référendum peut déprécier d'opportunes velléités, ou saper de généreuses idées qui ont le défaut d'être incompatibles avec le fonctionnement d'institutions coulées dans le plomb. Le négatif politique ne finit-il pas par l'emporter

[10] Attribués au journaliste Pascal Décaillet à propos de l'art oratoire de JPD.

sur le positif démocratique lorsque le veto populaire provoque un blocage systématique des situations, l'étouffement de rares élans porteurs de nouvelles priorités ?

JPD, homme d'humour s'il en était et ne dédaignant pas rire de ses propres tourments, aimait illustrer l'immobilité des choses et des esprits par cette boutade : *Il était une fois deux ministres européens et un ministre suisse autorisés à poser chacun une question à Dieu. Le ministre allemand demanda à savoir quand son pays connaîtrait enfin la disparition des idées nazies. Dieu lui répondit : dans une douzaine d'années peut-être. Alors,* se plaignit le représentant de Berlin, *je ne serai certainement plus en fonction.* Vint le tour du ministre italien qui s'inquiéta de la persistance de la mafia et voulut connaître la date de son déclin. Réponse analogue du Créateur : *Sans doute pas avant une dizaine d'années. Alors, je ne serai plus en fonction depuis longtemps,* soupira l'envoyé de Rome. Enfin le conseiller fédéral suisse osa poser la question de la date de l'adhésion de son pays à l'UE. Tomba le divin pronostic : *Je l'ignore, mais c'est probablement moi qui ne serai plus en fonction.* Généralement bien reçue, cette caricature dans l'autodérision fit franchement rire à Bruxelles. On se borna, à Berne, à en sourire. *L'Occident, c'est-à-dire l'Union européenne, rit à gorge déployée,* explique l'écrivain et diplomate Teodor Baconsky cité par le *« Courrier International », parce que la démocratie a pénétré dans tous les replis de la vie collective.* La démocratie au service de l'humour, et réciproquement ? À creuser.

Humour caricatural bien compris, il n'y a pas de quoi perdre pied. Pas encore. Si la Suisse veut enfin cesser de devoir humblement squatter les antichambres de Bruxelles ou pire, le bunker inhospitalier de l'ambassadeur de l'UE à Berne – aujourd'hui entre médiateur et bailli européens – pour enfin exercer une influence originale et faire valoir son expérience, ses autorités doivent se ressaisir et retrouver le souffle qui animait JPD et anime encore quelques trop discrets complices dans la solitude de leurs sanctuaires personnels. On devra cependant continuer à compter avec les obstructions systématiques des lieutenants de Blocher, même si leur conservatisme moral a perdu un peu de cette force que lui conférait un néo-libéralisme désormais en perte de vitesse. Selon les experts, l'UDC ne renoncera pas à faire un usage oppositionnel de la démocratie, quitte à menacer notre culture de la concordance. En prévision de l'élection du successeur de Pascal Couchepin au Conseil fédéral, le jeune président de l'UDC avait dors et déjà fait savoir que son parti proposerait son propre candidat au cas où celui des libéraux-radicaux serait « trop europhile ». Cela explique qu'aucun candidat n'ait spontanément abordé le thème d'une adhésion. Quant au nouveau ministre Didier Burkhalter, on ne doit décidément pas attendre qu'il se risque à relancer le débat. Et ce n'est pas le Conseil fédéral qui va l'y encourager. Il vient en effet de faire savoir, à la dérobée et sans commentaire, qu'il est devenu *que plus nécessaire de s'interroger sur la question de savoir si, en fin de compte, c'est en étant à l'intérieur ou à l'extérieur de l'UE que la Suisse et en mesure de sauvegarder ses intérêts de manière optimale* (cf « Rapport de politique étrangère 2009 »). On appréciera l'originalité et la nouveauté de l'interrogation. Quelle *fin de compte* et quels *intérêts* ? S'il y a là quelque improbable *changement de paradigme* – un analyste patenté pose la question –, il est bien caché. Ne reste plus qu'à patienter. Encore. Mais il est déjà pénible d'avoir à découvrir que la suprématie gouvernementale n'a pas la force de la souveraineté populaire, l'action d'en haut pas le même dynamisme que la réaction d'en bas.

Les partisans de la cause européenne n'ont peut-être droit qu'à un répit technique. Jusqu'ici, seuls le NOMES et quelques rares éditorialistes se risquent à relancer de temps à autre l'idée d'une demande d'adhésion[11]. Au fil de leurs congrès, les partis gouvernementaux ne montrent qu'un intérêt mitigé ou ponctuel pour le thème européen. La droite des partis libéral-radical et démocrate-chrétien est devenue, sur ce plan-là, perplexe et timorée. La gauche préfère se taire. Trop souvent pointillistes, les « Verts » eux-mêmes semblent oublier que l'économie verte européenne est en voie de développement, et à soutenir de manière vigilante. Dossier fiscal mis à part, les partis sont au point mort, sans indication ni de mouvement ni d'orientation future. L'influence de la droite conservatrice et nationaliste y contribuant, on peut donc s'attendre que le débat européen demeure verrouillé quelque temps encore. Pas grand espoir non plus du côté des chroniqueurs : le thème n'est pas nouveau et la lassitude les guette. Sauf initiative populaire ou autre événement particulier, il ne faudrait pas trop compter sur eux pour relancer la discussion. Entre autres interlocuteurs potentiels, les universités connaissent une accalmie indigente si l'on en juge au petit nombre de leurs publications sur ce thème. Même l'UE ne semble guère inspirer les doctorants. Enfin le Conseil fédéral paraît tétanisé pour quelques mois encore. *C'est une navigation à vue,* déplore l'ancien ambassadeur François Nordmann, chroniqueur pour *Le Temps*, *comme si nous étions ballottés par les événements. Sur l'Europe, c'est Bruxelles qui paraît avoir l'initiative et qui dicte l'ordre du jour. Nous n'avons pas de concept à lui opposer (...).* Dans une longue interview à *L'Hebdo*, en juin 2009 peu après l'annonce de sa démission, Pascal Couchepin s'en

---

11 Fin juillet 2009, un nouveau « Club helvétique » composé d'une majorité de citoyens et citoyennes alémaniques a publié un manifeste implicitement favorable à une adhésion mais en particulier à un changement d'attitude envers l'Europe (voir Annexe).

explique plus nonchalamment qu'à son habitude : *Un conseiller fédéral ne peut pas être loin devant ses troupes, et totalement isolé.* L'aveu est significatif. Il lui était demandé si l'on ne pouvait pas attendre d'un membre du gouvernement *qu'il ouvre les yeux du public.* Ce fut l'unique question – sur une vingtaine – qui soulevait explicitement le problème d'une adhésion.

Pour sa part, l'Administration fédérale fera ce qu'on lui demande. Rien de plus. L'épisode de l'EEE l'a laissé plus que frustrée. Ce n'est donc pas d'elle qu'on doit attendre l'incitation à un regain d'intérêt populaire. En tout état de cause, elle a encore du pain sur la planche pour plusieurs mois. Après avoir plus ou moins assumé ses errements passés, l'otage helvétique des fiscs européen et américain doit d'abord se reprendre en main s'il veut bien négocier ce qu'il y a encore à négocier. Trois ministères au moins sont impliqués, qui ont pour mandat de conduire des négociations aboutissant à la satisfaction des États réclamant une coopération nettement renforcée contre l'évasion fiscale, donc la fraude. Or il s'agit de le faire non seulement avec l'approbation des Chambres mais encore en prévision d'un référendum éventuel. Quant au Conseil fédéral, il aura besoin d'une concordance renouvelée s'il veut pouvoir aider son opinion publique à digérer le nouvel « acquis » fiscal dont Bruxelles se réjouit d'hériter. Morne plaine ! Thierry Meyer, rédacteur en chef de *24Heures*, voit en 2009 l'*annus horribilis* d'une Suisse *sans vision*, et même *sans crédit.*

Dans ces conditions, on voit mal les fervents helvétiques de l'intégration sautillant comme des cabris, selon le mot de de Gaulle, au cri de *l'Europe, l'Europe, l'Europe.* Pour autant qu'on parvienne à ouvrir un passage entre *l'ombre diplomatique et la lumière citoyenne*[12], ne pourrait-on alors imaginer d'autres cadres et sources de motivation ? Notre démocratie en offre déjà beaucoup. Si l'on ne souhaite pas abandonner l'Europe de l'esprit, du cœur et de l'histoire dans le pré-carré d'experts omnipotents ou de technocrates en chômage technique, il serait opportun de provoquer des appels d'air venant d'ailleurs que d'un Palais fédéral qui est aussi celui du Parlement. Il n'y va pas que d'une adhésion à l'UE mais aussi de l'avenir du « modèle suisse ». Constatant *le déclin de la fonction guerrière et sécuritaire des États,* le géographe Jacques Lévy, directeur de l'Institut Chôros de l'EPFL, prévient : *Sans ennemi et nouvel horizon comme l'adhésion à l'UE, il n'y a pas seulement déclin du modèle suisse, mais crise*[13].

---

[12] Voir note de bas de page n° 4.

[13] *Le Temps*, 04.05.09.

De la diplomatie des villes au fédéralisme

Dans une brochure bienvenue sur les Institutions politiques européennes, ses auteurs observent que l'UE *est une entité complexe, difficile à appréhender et dont la définition ne va pas de soi*[14]. Cette complexité serait un volet important, parce qu'élémentaire, d'une information basique. Proches de la population, les grandes communes ne seraient-elles donc pas bien inspirées de renoncer à leur distance respectueuse pour amorcer ce débat entre les représentants territoriaux, inciter à la manifestation d'intérêts concrets et vraiment susciter des actes de foi ? Surtout que le souffle européen et toute vague de fond propice à une approche sans détour ne sauraient venir et agir que d'en bas. Ce serait une manière non seulement de valoriser des communautés étrillées par leur canton, mais encore de poursuivre dans la foulée « delamurienne », pour parler droit et en direct avec la nation. Dans la mesure où elle produit déjà des identités nouvelles, la métropolisation du territoire suisse serait, elle aussi et du même coup, politiquement valorisée. Il y aurait là une carte à jouer en vue d'un débat citoyen réhabilité, voire d'un dialogue international à la base. Respect du principe de la subsidiarité entre l'UE et les autorités nationales, traditions locales et particularités régionales pourraient en être les thèmes. JPD en était persuadé : il militait dans ce sens lorsqu'il siégeait au sein du Comité des pouvoirs locaux et régionaux du Conseil de l'Europe ; il l'a souligné dans ses adieux aux Chambres fédérales. En pratique cependant, l'ancien Syndic puis Conseiller d'État ne souhaitait pas se voir reprocher de déprécier l'échelon cantonal ou d'aviver la rivalité villes/cantons...

On commence pourtant à comprendre que les Exécutifs communaux ont des atouts dont les autorités fédérales sont dépourvues. À l'ouverture de la 1re Conférence mondiale sur « la diplomatie des villes » en juin 2008 à La Haye, Manuel Tornare, alors maire de Genève, l'a justement relevé : *La fonction de Maire est universelle, il y en a partout et cela facilite les échanges, on voit moins de susceptibilités diplomatiques au niveau des communes qu'à l'échelon national. Et puis les maires ont un souci de proximité ; ils sont plus pragmatiques.* Reste, comme le suggère le professeur Antoine Vion, spécialiste de l'internationalisation des villes à l'Université de Marseille, que la discussion à ce niveau ne peut que préparer le terrain à des discussions ultérieures au plan national. Autre restriction : *une situation trop conflictuelle ne peut être gérée que par une autorité locale*. Il y a enfin que tous les objets à l'ordre du jour de l'UE ne sont pas de la compétence des villes. La

---

14 S. Gablin et F. Steinbacher, *Institutions politiques européennes*, Mont-sur-Lausanne, LEP, 2009.

neutralité, par exemple, ne peut être discutée qu'entre États et au niveau de leurs gouvernements. Ni la *diplomatie des villes*, ni la *coopération décentralisée*, ne peuvent remplacer le dialogue des États. Au demeurant, vertus et faiblesses de notre politique de neutralité, de la démocratie directe ou du fédéralisme devraient tout d'abord faire l'objet d'une prise de conscience à l'échelon du peuple. Aucun débat ne devrait être esquivé (à condition que ce ne soit pas de *grands débats*, préviennent des autorités fédérales peu disposées à devoir les maîtriser). Avec le soutien d'une diplomatie prospective des villes, un tel forum pourrait être organisé et assumé en regard des circonstances vécues : mondialisation et migration par exemple, ou pour en revenir au cas de la Suisse en Europe, relation État-nation et « météo » des identités nationales et de l'identité européenne, enfin surtout les limites de notre fédéralisme intégral. Faute de quoi les « cas particuliers » seront dépassés, en Suisse comme ailleurs en Europe. Faute de quoi le citoyen s'exposera à une instrumentalisation, alors qu'il pourrait pourvoir lui-même à son information et mieux participer ainsi à la maturation d'un projet d'adhésion.

Crise sans prospective

Pour aborder un sujet plus immédiatement palpable et proche aussi de la réflexion politique de JPD, on doit se demander si un effort de prospective politique n'aurait pas permis aux États, dont la Suisse, de prévenir au bon moment les causes de la crise financière de l'automne 2008, au lieu d'avoir à prendre des mesures d'urgences pour remédier aux défaillances avérées de la régulation financière et de sa surveillance. On aurait eu le temps d'y penser et d'en débattre aussi. Mais ce n'est pas vraiment aux Suisses de lancer cette critique. Ses autorités fédérales, cantonales et communales se sont profusément méfiées de cette extrapolation des tendances qu'on appelle prospective, de crainte que de savantes perspectives ne se transforment en programme, pronostics ou planification. À tel point qu'on s'est dépêché d'oublier d'importantes études, celles par exemple du professeur Kneschaurek de l'Université de Saint-Gall en 1974, à qui l'on doit de justes prévisions en matière d'aménagement du territoire, de protection de l'environnement et de démographie.

En aval de la prospective, il y a la vision d'une perspective à court terme. En 1990 déjà (!), JPD, futur ombudsman désigné des banques suisses, osa ainsi reprocher aux grandes banques de s'être rendues coupables de spéculation dans le domaine hypothécaire. Une banque traditionnelle bernoise venait de s'effondrer. *Ce sont tout de même les grandes banques qui ont elles-mêmes généré ce surendettement hypothécaire (...) ; nous avons trop d'exemples de prêts atteignant ou dépassant 120 %.* Et de poursuivre sa dénonciation d'un grave mercantilisme financier en démontrant qu'avec leurs prêts à long terme avec de l'argent à court terme, ces banques avaient pratiqué une spéculation *dommageable*. Protestation plus que téméraire : audacieuse et sacrilège. Pour quel résultat ? On ne le sait maintenant que trop. Fallait-il attendre, avec Windisch, que l'ordre vienne de graves *perturbations* ? Ne pouvait-on pas s'attendre que les problèmes non résolus se déplaceraient inexorablement du système bancaire vers la sphère étatique ?

En qualité de ministre de l'Économie mais surtout d'homme soucieux du bien commun – cela vaut largement l'« intérêt général » –, Delamuraz revint sur ce thème d'éthique et de mercantilisme financier en octobre 1996, invité par l'Université de Berne à s'exprimer sur le thème de la globalisation des marchés. Il loua le système suisse qui veut que les entrepreneurs jouissent de la plus *totale indépendance de conduite économique : la dimension éthique doit cependant compléter, enrichir, accompagner le raisonnement économique le plus froid qui soit. À l'égard de la société, (les entrepreneurs et décideurs privés) ont une responsabilité, et cette responsabilité ne s'arrête pas aux portes de leurs usines et de leurs bureaux*. JPD a seulement regretté que son propos soit apparu ici et là, en particulier dans le « triangle d'or » Bâle-Olten-Zurich, *comme un langage de désarmement moral*. Comme s'il ne convenait pas de préserver les progrès et l'acquis de *plus d'un siècle de libéralisme à visage humain !* L'industriel Nicolas G. Hayek le répète à qui veut l'entendre.

Or, qui ne s'est pas un peu attendu à ce que, tout de même impressionnées par la menace extrême que représentaient la crise financière de 2008 et ses prolongements économiques en 2009, les autorités de la Confédération n'aient pas songé à s'associer tant soit peu aux mesures coordonnées quoique juxtaposées des États membres de l'UE, au moins à leur principe. Par solidarité et pour participer au front européen qu'induisait une menace mondialisée. Il n'en fut manifestement rien, comme si tout devait s'arrêter là. L'UE eut seulement droit à un salut convenu. Peur d'une dramatisation générant la panique ? Brave sentiment de sécurité ? Insularisme persistant ? Volonté d'indépendance ? Manière de contester des règles de Maastricht jugées *Kontraproduktiv* et datées ? Plus probablement la crainte spéculative de se trouver contraintes à faire des concessions anticipant les accords bilatéraux avec l'UE. Le fait est que, sous le couvert d'une tranquillité délibérée, Berne a implicitement invoqué le cas particulier d'un pays encore bien portant pour ne pas avoir à rallier le jeu européen. Tout en le saluant. Elle avait pourtant quelques raisons d'esquisser un pas dans ce sens et faire comprendre à la nation, à elle surtout, que la Suisse n'est pas qu'un îlot de prospérité. Au pire, on pouvait interpréter sa réserve par le souci de ne pas avoir à « révéler » à la planète que, sa politique financière et son système bancaire aidant, la situation économique de la Suisse demeurait indécemment bonne, c'est-à-dire moins mauvaise qu'ailleurs. Ce bref rappel s'inscrit en forme de regret dans les perspectives ouvertes par le dynamisme critique de JPD : ce particularisme-là est gênant parce que difficile à justifier et lourd à assumer.

Une Suisse politique isolée et mal aimée

Il n'est pas question de conjecturer ici la position et l'influence posthumes du défunt ex-ministre de la Défense puis chef d'un département en charge du dossier européen. On peut seulement regretter d'être aujourd'hui privés de sa vision, de son ouverture aux problèmes des États voisins, de son sens de la solidarité internationale. S'agissant du problème d'une collaboration militaire avec l'UE comme de celui d'un ralliement même partiel « au Plan européen d'urgence » dans le domaine économique et financier, il nous paraît que JPD aurait su donner quelque impulsion à la volonté officielle de se porter partie prenante au destin de l'Europe tout entière. Ou alors, c'est que nous l'avons mal compris lorsqu'il déclarait, « furioso ma risoluto » :

– en 1992, inspiré de Constant : *La démocratie suisse est anémiée. Que voulez-vous régler dans une démocratie d'indifférence et de méconnaissance réciproque ? Le risque s'installe d'une véritable tyrannie des minorités.*

– en 1993, en vieux « debater » : *La langue de bois est d'usage trop fréquent dans la discussion politique. Elle rend les réalités profondes incompréhensibles pour le souverain et, face à ce mur d'incompréhension, la réaction est instinctivement négative.*

– en 1993 aussi, presque visionnaire : *Faudra-t-il à notre pays « la preuve par l'acte » – c'est-à-dire une crise économico – sociale prolongée ? (...) Il m'arrive de me demander si le poids des inerties nées de routines, du pragmatisme absolu et de la supériorité ne nous condamne pas à devoir passer par cette calamiteuse condition*[15].

– en 1994, un peu machiavélien : *Je crois profondément à notre ensemble de droits populaires et de démocratie, mais à condition que nous nous transformions. (...) Mon désir le plus grand, c'est que nous devenions capables d'une adaptation plus rapide.*

– en 1996, réaliste : *L'absence d'intégration de la Suisse à l'Europe cause un bon tiers de nos soucis. (...) Cette part va croître avec le temps.*

---

[15] Lettre à Pierre Graber.

Ce qu'on en pense à Bruxelles ? Quoique datant de 1998, le dernier message de Jacques Delors demeure d'actualité : *La Suisse pourrait apporter beaucoup à l'Europe à un moment où l'Union s'interroge sur les moyens d'enrichir la vie démocratique et de réduire la distance entre le local et le global. Comment conserver un bon équilibre entre le trop de repli sur soi et l'ambition de s'insérer dans le monde en oubliant ses spécificités ? C'est une question qui donne à réfléchir en Europe comme en Suisse. C'est en cela aussi,* concluait le Président de la Commission européenne, *qu'on peut se référer à un homme comme Jean-Pascal Delamuraz. Parce qu'il a toujours su passer entre ces deux écueils.*

Le danger, plus actuel que jamais, est que le pays à croix blanche sur fond rouge perde toujours plus de soutien en Europe et ne se fasse guère d'amis nouveaux. Aujourd'hui déjà, il est devenu malaisé d'invoquer le quant-à-soi helvétique et d'avoir à le justifier dans la dynamique et le brouhaha européens. Les malentendants se multiplient dans le chahut de dénégations tous azimuts. L'antienne bernoise commence à fatiguer. S'il y a encore soutien ponctuel, il est devenu conditionnel, quand ce n'est pas condescendant. Çà et là, on montre du doigt une nation dont l'identité est devenue toujours plus négative. Notre défiance persistante aurait-elle contaminé nos futurs partenaires jusqu'à provoquer leur désamour ? Au tout début du siècle dernier, Lord Salisbury, Premier ministre anglais, déclarait devant la Chambre des communes qu'il était *fier*, pour la Grande-Bretagne, *de son splendide isolement.* Berne ira-t-elle jusqu'à bientôt tenir ce langage, celui du renard de la fable dédaignant les raisins qu'il ne peut atteindre ?

La Confédération demeure certes une référence quant à sa neutralité, sa stabilité, sa solidité et l'universalité de ses relations extérieures. Le hic est qu'on ne voit pas encore, à l'horizon, l'ombre d'un personnage capable de reprendre l'héritage laissé par Delamuraz et notamment de revivifier le réseau helvétique des amitiés internationales… c'est-à-dire des intérêts communs. Car il conviendrait bien de « réseauter » ! Pendant ce temps, on assiste au simple bonheur d'une nouvelle commissaire européenne à la défense des consommateurs. Elle est dignement bulgare.

En fait, la question n'est pas vraiment personnelle, avec ou sans JPD. Il y va surtout d'un modèle suisse d'efficacité, de solidarité et de concordance. Il y va de notre capacité à nous demander s'il n'est pas indécent de se replier sur des rentes de situation d'une autre époque, alors qu'une intégration de la Suisse à l'Europe demeure inéluctable. Il est déjà des capitales européennes pour redouter que la Suisse devienne cet État membre votant trois fois par année et dont toute une communauté devrait attendre les verdicts populaires. Ne risquons-nous pas de devenir indésirables avant même d'être candidats à l'Union européenne ? N'en sommes-nous pas déjà menacés, dans le prolongement politique ou le sillage de la faillite morale d'une grande banque ? Sans doute les Suisses devraient-ils se recentrer sur leurs qualités propres, à condition qu'elles soient essentielles. Écoutons le Président du Conseil d'État vaudois Pascal Broulis, candidat malheureux à la succession de Pascal Couchepin au Conseil fédéral : *Il faudra se défendre face à ceux qui nous cherchent noise, mais il faudra aussi ne pas brader ce qui fait notre force intérieure (...). Entretenons nos particularismes, corrigeons leurs vices (...).* Sans doute pensait-il aussi à l'Europe.

JPD n'aurait pas renoncé

On peut raisonnablement conclure qu'en dépit de lourdes déceptions et des obstacles rencontrés sur sa route, JPD a éprouvé du bonheur à tenter de prévenir une crise identitaire de la Confédération et de la rendre plus consciente de ses forces, plus fière de son « acquis », disposée à contribuer de façon originale à l'histoire de la nouvelle Europe. Confronté lui aussi au conflit de l'Être et du Faire, il avait trouvé une raison d'espoir, au moins de participer. Sa résilience y a contribué. Son action paraît encore promise à quelques belles avancées. Son ombre plane sur les cénacles où s'entretient encore l'idée d'une adhésion prédestinée... et bientôt inévitable.

Écrire l'Histoire de son pays, croyait le mémorialiste Saint-Simon, (…) *c'est mettre en évidence que, s'il était possible que cette multitude de gens de qui on fait une nécessaire mention avait pu lire dans l'avenir le succès de leurs peines, de leurs sueurs, de leurs soins, de leurs intrigues, tous, à une douzaine près tout au plus, se seraient arrêtés tout court dès l'entrée de leur vie et auraient abandonné leurs vues et leurs plus chères prétentions (...)* Jean-Pascal Delamuraz faisait partie de la douzaine d'êtres d'exception qui n'auraient pas renoncé à leurs *chères prétentions*. S'il le pouvait, il recommencerait, sans bonus ni parachute doré. Si cela pouvait l'aider, on devrait alors lui souhaiter, un peu à regret, un « andante piu moderato », moins de véhémence dans les sentiments, davantage de malice défiante, peut-être un peu du cynisme de son successeur, une relecture de quelques maximes de *l'illustrissime faquin Mazarin* (dixit Beaufort), enfin une bonne dose de cet *optimisme indifférent* que procure l'énergie, sans cet irénisme qu'il raillait lui-même. Nous allions l'oublier : il devrait se préoccuper davantage du développement durable, un thème qui lui était assez peu familier. (En 2004, la Suisse a signé un accord avec l'Agence européenne pour l'environnement d'où découle un réflexe européen supplémentaire).

2008-2009, les choses ne vont pas très bien. Le peuple suisse a certes clairement accepté la reconduction des accords bilatéraux conclus en 2000 avec l'UE et, en 2009, leur extension à la Roumanie et à la Bulgarie. Ce fut un plébiscite, la consécration de la voie bilatérale. On avait pourtant quelque raison de craindre les effets d'une allergie consolidée à l'Union européenne et d'une xénophobie trop bien portante. Les deux phénomènes contamineraient un Suisse sur trois. Pour un pronostiqueur découragé, *la question européenne* (était en 2009) *trop empoisonnée ... pour qu'on puisse exclure le pire* : un « non ». Ce fut un « oui » net. Pas forcément encourageant si, tout compte fait, ces accords devaient n'être que pis-aller et sectoriels. L'ambiance suinte la morosité.

Jacques Attali, conseiller de l'ancien Président Mitterrand, a-t-il vraiment raison de croire, à propos du développement futur de l'UE, que tout dépendra de la volonté des peuples et *donc de la qualité de leurs dirigeants ?* Ou alors en aurait-il exclu toute évolution démocratique, alors même que, sur ce plan-là, l'UE a fait de sensibles progrès au profit de son Parlement ? Dans son « Contrat social », J.J. Rousseau observe certes que, *de lui-même le peuple veut toujours le bien, mais de lui-même ne le voit pas toujours.* L'histoire des démocraties tend cependant à démontrer que la sagesse populaire peut s'affirmer en contre-pouvoir. Elle peut imposer à l'exécutif un changement d'itinéraire sans pour autant mettre en cause la qualité de sa gouvernance, seulement sa vista et ses objectifs. La votation sur l'EEE en 1992 a par ailleurs confirmé qu'on peut avoir convaincu un parlement sans réussir ensuite à convaincre le peuple électeur et ses cantons. Où donc est cette « qualité » des dirigeants ? Dans leur représentativité, leur force de conviction, leur capacité d'adaptation ou leurs choix politiques ? Serait-elle dans les quatre aptitudes ou vertus à la fois qu'on n'aurait encore pas prouvé que cette « qualité » d'un gouvernement puisse vraiment déterminer la volonté du peuple.

Tant qu'à faire, nous préférons croire, avec l'auteur visionnaire du *Dictionnaire du 21e siècle*[16], que Shakespeare reste peut-être la meilleure référence pour comprendre *les jeux du hasard et de la nécessité dans les grandes bifurcations historiques.* Éditorialiste de *La Stampa* et spécialiste en matière européenne, Barbara Spinelli pense pour sa part que *le changement ne peut venir que des citoyens, s'ils commencent à raisonner de façon cosmopolite ».* Ce serait peut-être, pour la *Jeune Helvétie,* l'occasion rêvée du poète vaudois Juste Olivier, *de ne grandir que vers le ciel*[17].

Ouverture d'une fenêtre d'opportunité ?

L'un des objectifs du Conseil fédéral suisse pour 2009 est la *consolidation des relations avec l'UE.* C'est la 14e priorité dans la liste. Le

16 J. Attali, Paris, Fayard, 1998.

17 *Jeune Helvétie*, poème de Juste Olivier (1807-1876).

5e est la *consolidation de la position de la Suisse dans un monde globalisé.* On veut consolider sans plus envisager quelque construction que ce soit, mettre donc toute sa force dans… l'inertie. Il n'est pas question d'adhésion à l'UE. Difficile d'imaginer Delamuraz cautionnant un tel ordre de priorités, une telle absence de dynamisme, une telle asthénie politique. Cité par *Le Temps*, l'historien et directeur du Comité scientifique du Musée de l'Europe Elie Barnavi avait averti que, *si les États membres de l'UE n'avaient pas concédé à la Suisse des « morceaux de l'Europe »*, (...), *le débat sur l'adhésion serait revenu plus vite à l'agenda*

Au risque de s'y éterniser, la solution d'un accord-cadre a certes été dans l'air. Elle viserait à une sorte de partenariat privilégié, celui qu'on croyait réservé à la Turquie. Berne n'a dit encore ni oui ni non. Sans doute se satisfait-on d'avoir atteint, avec 130 accords, l'apogée du bilatéralisme sectoriel. On le pourra jusqu'à ce que Bruxelles se décide, pour se dédouaner, à exiger un examen en profondeur de ce système exceptionnel de relations, sorte d'association originale et « Swiss made », afin d'aboutir à un large cadre général après en avoir éliminé les obsolescences.

Vu de l'extérieur, l'approche suisse par petits pas et petites niches a les apparences d'une certaine mesquinerie politique. Berne semble perdre de vue sa stratégie d'un traitement global sur mesure, comme si elle se contraignait à museler son singularisme. Pour s'en défendre, on prétend que le contact entre la Suisse et l'UE est très étroit. Il est vrai que la déconnexion n'est pas à l'ordre du jour. Dans la longue interview qu'elle a accordée, mi-avril à « TV5-Monde », Micheline Calmy-Rey semblait heureuse de le confirmer, mais elle ne s'est pas montrée très rassurante. Sans aller jusqu'à répéter que la Suisse est *de facto* dans l'UE, Pascal Couchepin déclarait quelques semaines auparavant à Linz : *Nous sommes plus près d'un rapprochement que de l'éloignement.* Il concrétisa sa pensée en réponse à la question d'un journaliste : *Le moment est peut-être venu d'ouvrir un débat auprès de la population sur les avantages et les inconvénients d'une adhésion à l'UE.* C'était toujours bon à prendre – on ne l'a pas fait ! – même si le ministre valaisan n'avait, une fois de plus, pas jugé utile de prendre l'avis du président très peu europhile de son parti avant de lancer son petit pavé dans la mare. Cela lui valut une manière de réprimande présidentielle : *Ce n'est pas le moment de poser ce genre de question.* (C'était aussi l'avis du président du parti démocrate-chrétien). Songeant déjà à sa très proche retraite, le « Roi de Martigny » ne s'en émut pas.

L'agenda gouvernemental doit maintenant tenir compte du postulat déposé en juin dernier par une conseillère nationale bernoise, présidente du NOMES, qui invite le Conseil fédéral – sans toutefois l'y contraindre

– *à réévaluer sans tarder les avantages et inconvénients des instruments de la politique européenne* tels qu'ils sont définis dans le rapport de 2006. Dans la foulée, l'Exécutif devrait non seulement donner ses priorités mais encore faire connaître les prochaines étapes de l'intégration jusqu'à la fin de la législature (2011). Pour quand faut-il attendre la réponse gouvernementale ? Certainement pas avant l'arrivée du ministre qui succédera cet automne à Pascal Couchepin. D'ici là, nos conseillers fédéraux pourront jeter un œil sur le récent manifeste du « Club helvétique », en apprécier au moins la modération dans l'exigence (voir Annexe). Dans l'état, le gouvernement ne veut toujours pas expliquer le délaissement de la Confédération par sa situation hors de l'UE.

Tout compte fait, Delamuraz n'a-t-il pas eu raison, en 1993, de souhaiter à la Suisse une *calamiteuse condition*, une *preuve par l'acte* sous forme de *crise économico-sociale prolongée ?* Delors l'a lui-même souhaité pour l'Europe. *Levez-vous, orages désirés... !* Cynisme ou pas, le débat national déclenché par la crise économique mondiale laisse, c'est vrai, pointer un regain d'intérêt apeuré pour une Europe manifestement plus influente et moins arrangeante qu'on ne le croit sous la coupole fédérale. Le postulat du NOMES ne cache pas que la crise financière puis la récession qui en est résultée ont, par un retour aux rapports de force dans les relations internationales, profondément modifié le contexte politique suisse et européen, jusqu'à remettre en cause la durabilité, voire l'opportunité des accords bilatéraux conclus.

Est-ce là la discrète ouverture d'une fenêtre d'opportunité ? Rétive mais point chétive du tout, la Suisse ne serait pas le premier État à vouloir accélérer un rapprochement avec l'Europe pour des raisons découlant davantage de la nécessité que de l'*amour essentiel* cher à Denis de Rougemont. Ce ne serait qu'une concession à la *Realpolitik.* Serait-ce satisfaisant ? Jusqu'ici, les institutions démocratiques et fédéralistes suisses ont rempli pleinement leur rôle. Tout antiques et parfois mal récompensées qu'elles fussent, elles n'ont pas paru trop dépassées par la gravité des problèmes traités ou mal traités. La Suisse ne s'est en tout cas pas trouvé déboussolée après chaque votation. Ou alors, si tels étaient les effets de l'exercice démocratique, les Hollandais, les Français, les Irlandais ou les Danois ne seraient pas moins défaillants que les Suisses !

L'UE étant maintenant instruite de nos critères institutionnels et de nos objectifs stratégiques, de nos travers comme de nos vertus, on pourrait s'attendre qu'elle sache en tirer des enseignements raisonnables et respectueux. Dans ces conditions-là, plus rien n'empêcherait la Confédération de dire clairement quelle voie elle veut emprunter et pour aller où. Berne ne peut plus se contenter de laisser aux circonstances le soin de lui dicter ses choix. Dans une perspective de rapprochement, elle devrait seulement faire en sorte que ses négociateurs ne se trouvent pas en position de faiblesse. Car c'est actuellement le cas face à une union d'États dont le moins qu'on puisse dire est qu'elle ne s'est révélée ni clémente ni patiente à l'égard d'un pays déjà soumis à la très forte pression des États-Unis. La question n'est déjà plus de savoir si cela aurait pu être évité. On doit seulement se demander combien de temps il faudra à la Suisse pour d'abord retrouver une fierté nationale qu'elle a bradée à Tripoli, voire à Washington, inspirer à nouveau une pleine confiance et retrouver l'autorité originale qu'elle avait sur la scène internationale il y a moins d'une année ; enfin combien de lustres il lui faudra encore, non pour dire « le » dernier mot, mais pour se mettre à regarder autrement la carte politique du vieux Continent. *La vie punit celui qui arrive en retard*, grondait Mikhaïl Gorbatchev.

Telles sont, à notre appréciation en cette affligeante fin d'été 2009, les perspectives actuelles et quelques pressantes questions à venir. D'ici peu, les occasions ne devraient pas manquer d'arpenter encore les périphériques de la capitale belge, ou alors ses pistes d'évitement. Au lieu de persister à théoriser ses singularités, Berne devrait s'engager clairement avant qu'on ne se demande si les Suisses ne sont pas devenus, selon l'expression de Hugo Loetscher, les *idiots du village de l'Europe*.

Les *idiots* ? Osons plutôt les « demeurés », dans le sens où il y a maintenant péril en la demeure. Car la Suisse est tristement isolée. Or le prix d'une adhésion est déjà à la hausse. Mais bonne fortune pour notre pays, certainement le plus mature de tous les États candidats : *L'Europe (...),* selon *El Païs, sera toujours un projet inachevé, et il est bon qu'il en soit ainsi.* Autrement dit, la Suisse aurait encore son mot à dire quelle que soit l'échéance de son adhésion.

La résignation n'étant pas une attitude d'État, non plus que l'abnégation ou le flottement, on se souviendra, pour s'encourager, de l'ultime appel de Jean-Pascal Delamuraz aux *forces vives* pour qu'elles *accrochent la charrue helvétique à une étoile, peut-être bientôt à plusieurs étoiles.*

***

Non destinée à une publication, cette caricature de Raymond Burki a été faite, entre autres, à l'occasion d'une visite du Conseil fédéral à Sainte-Croix, berceau de la boîte à musique

Témoignages personnels

Pascal Broulis
Daniel Brélaz
Jacques-Simon Eggly
Jürg Stüssi-Lauterburg
Jean-Claude Badoux
Gabriel Fragnière
Blaise Fontanellaz

Pascal Broulis

Président du Conseil d'État vaudois

Heurs et malheurs européens de JPD

Installé au faîte du pouvoir helvétique, Jean-Pascal Delamuraz a fait un choix, c'est ce que l'on attend des hommes d'État. Il a fait le pari de l'Europe. D'abord par le biais de l'Espace économique européen, avant d'avouer que la destination finale du voyage européen de la Suisse était bel et bien l'Union européenne.

Prophétie ou erreur fatale ? Le peuple suisse trancha : oui à un rapprochement progressif de l'UE, même dans des conditions pas forcément satisfaisantes, plutôt que de renoncer aux valeurs supérieures de l'« esprit suisse », comme la démocratie semi-directe.

Le débat surgissait dans une période troublée de l'histoire suisse récente, alors que l'existence même de la Suisse était remise en question : souvenons-nous du slogan de l'Exposition de Séville ou des polémiques en lien avec le 700e anniversaire de la Confédération. Les œillades de Jean-Pascal Delamuraz à l'attention de l'Europe, l'affirmation de sa conviction européaniste tombaient mal : l'ambiance n'était pas aux grands espaces, mais à une introspection désespérée pour les uns, rédemptrice pour d'autres.

Jean-Pascal Delamuraz fut-il aveugle à ce contexte psychologique et politique ? A-t-il consciemment voulu le transcender en dépit des obstacles évidents qui allaient se dresser sur la route européenne de la Suisse ? Le résultat ne fut pas ce qu'il espérait, de peu. En traçant un grand dessein à la Suisse, la démarche « delamurienne » aura néanmoins, et paradoxalement, eu le mérite de forcer les Helvètes à s'interroger sur les valeurs qui les unissent, ente eux et au monde qui les environne. Elle aura par là participé du grand questionnement des années 1990, si cruciales pour notre histoire récente.

Le patient travail d'harmonisation des législations suisse et européenne, malgré des ratés, mais avec de belles réussites aussi, n'en déplaise aux pessimistes, découle aussi des audaces européennes de Delamuraz. Et celui-ci aura fait que la question européenne soit désormais indissociable de la vie politique suisse. Le champ politique ne s'organise plus autour du seul problème européen, mais il doit l'intégrer, sous toutes ses facettes.

L'EEE aurait été une bonne solution, s'il n'avait pas été présenté comme l'antichambre de l'Europe qui allait devenir l'UE que l'on connaît aujourd'hui. Mais il a servi d'amorce aux accords bilatéraux qui, je le répète, ont été, et sont, une bonne chose pour la Suisse. Il s'agit d'ailleurs de les consolider. La question de l'adhésion reviendra après, peut-être. Les intérêts de la Suisse ne se sont jamais déclinés sur un modèle noir/blanc, mais toujours dans la nuance, dans le compromis « progressiste ».

L'esprit européen de Delamuraz n'est pas mort, *loin s'en faut. Il a pris d'autres formes, comme le montre le travail de la Fondation Jean Monnet, installée à l'Université de Lausanne. Delamuraz a beaucoup œuvré à ce que ses archives soient déposées chez nous. L'engagement européen de la Suisse n'est décidément pas monolithique : la Suisse a de nombreux outils à sa disposition pour présenter sa réflexion européenne !*

Daniel Brélaz

Syndic de Lausanne
Conseiller national

La Seconde Guerre mondiale laisse un champ de mines en Europe et une division, rideau de fer, qui ne tombera que suite à l'effondrement de l'Union Soviétique.

L'Europe des vingt sept, malgré ses difficultés et ses défauts, aurait semblé un miracle inatteignable aux pères fondateurs de l'Europe qui déploient leurs efforts dans l'immédiat après-guerre pour aboutir à la communauté du charbon et de l'acier, puis au premier traité de Rome, réunissant la France, l'Allemagne, l'Italie, le Luxembourg, les Pays-Bas et la Belgique en 1956.

Parmi ces pères fondateurs, le français Jean Monnet confie, peu avant sa mort, les premières archives de l'Europe en formation au suisse Henri Rieben.

Or, Henri Rieben est un des professeurs qui contribuent à la formation de Jean-Pascal Delamuraz. De maître, il deviendra progressivement ami et fera de la préservation des archives européennes dans le sanctuaire de Lausanne l'œuvre de sa vie universitaire.

Devenu Conseiller fédéral, Jean-Pascal Delamuraz est donc imprégné de l'esprit européen de Lausanne prôné par Henri Rieben. Cela l'influencera dans sa volonté de rapprocher autant qu'helvétiquement possible la Suisse de l'Europe en formation.

Mais Jean-Pascal Delamuraz sait qu'un traité avec l'Union européenne est soumis à la double majorité du peuple et des cantons. Il sait que l'adhésion à la Société des Nations entre deux guerres n'a été acceptée que du bout des lèvres par les cantons, que l'adhésion à l'ONU vient d'être largement refusée. Elle ne sera acceptée que par douze cantons contre onze, après la mort de Delamuraz.

Jean-Pascal Delamuraz déploie donc tous ses efforts pour une solution avec ses partenaires de l'AELE sous le nom de traité de l'EEE (espace économique européen). Avec son collègue Felber, il négocie durement et longuement avec Bruxelles, obtenant un projet de qualité. Toutefois, les deux Conseillers fédéraux romands n'arrivent pas à convaincre la Suisse alémanique. Le traité échoue avec seulement 6 cantons favorables et 49,6 % de oui, ceci malgré une acceptation à 80 % dans le Canton de Vaud.

Remis sur le métier, l'ouvrage finira par déboucher sur les bilatérales acceptées tout d'abord par le peuple et les cantons, puis étendues aux nouveaux membres de l'Union Européenne.

Cet équilibre, moins durable que l'EEE, régit nos relations avec l'Union Européenne. Il est plus « à la carte » que le système négocié par Delamuraz, mais aussi plus fragile. Chaque extension de l'Union Européenne permet un référendum de l'UDC de nature à détruire l'ensemble de l'ouvrage. Qu'arriverait-il en cas d'adhésion de la Turquie ?

Il faut espérer que d'ici là la Suisse acquière l'esprit de Lausanne *que les Rieben et Delamuraz ont tenté de propager. L'avenir de notre pays en dépend.*

Jacques-Simon Eggly

Membre de la commission des Affaires étrangères du Conseil national

Il emplissait l'espace et attirait sur lui toutes les attentions. Chacun a son souvenir de Jean-Pascal Delamuraz. Sans avoir été de ses intimes mais en l'ayant bien côtoyé, j'en retiens quelques uns. Par exemple celui-ci. Nous nous étions retrouvés à Frauenfeld pour faire, chacun, un exposé à des officiers. Il était alors chef du département de la défense. Et nous sommes rentrés à Berne ensemble, en hélicoptère. Or, à chaque kilomètre, ou presque, il m'indiquait en pointant du doigt sur quel village nous survolions et, souvent, quel restaurant intéressant y valait le détour. Ainsi était-il. Il connaissait la vie, les hommes, les bonnes choses de la vie en y appliquant une vitalité, une gourmandise hors du commun. Mais, naturellement, il voulait être le centre, le pôle d'énergie et d'attraction. Il l'était immanquablement et il le savait. Ses propos étaient émaillés de bons mots qui suscitaient le rire. Il fallait jouer le jeu.

Oui, Jean-Pascal Delamuraz aimait la compagnie et, professionnellement, il était un vrai meneur d'homme. Ses collaborateurs étaient entraînés dans son sillage. Toutefois, il pouvait être autoritaire, dur et même humiliant. Je me souviens d'une scène pénible à Vienne. Son Secrétaire d'État au département de l'économie, dont il avait repris la direction, s'inquiétait devant lui et nous, quelques députés, d'une tendance à négocier l'Accord EEE dans une perspective d'adhésion ultérieure. Le Conseiller fédéral remit à sa place Franz Blankart d'une manière qui mit tout le monde mal à l'aise. L'homme était ainsi : convivial à l'extrême, pas forcément gentil. En l'occurrence, Jean-Pascal Delamuraz allait commettre sa grande faute politique *en déposant, avec son collègue Felber, une demande de négociations ultérieures en vue de l'adhésion à l'UE ; cela juste après avoir signé l'Accord sur l'EEE. J'avoue n'avoir pas, à l'époque, mesuré l'erreur. En fait, cela donna des armes aux adversaires de l'Accord sur l'EEE, dont un certain Christoph Blocher. Ils dénoncèrent un engrenage et une tromperie du peuple. Cela contribua à l'échec en votation populaire, le 6 décembre 1992. Ce « dimanche noir » pour la Suisse, dira Jean-Pascal Delamuraz : phrase qui lui fut très reprochée en Suisse allemande. Mais l'erreur correspondait à une vision d'ouverture. Il n'imaginait l'avenir de la Suisse, à terme, que par son imbrication dans la construction européenne. C'est dans une participation à un enjeu commun qu'elle affirmerait le mieux son identité. Mais il avait sous estimé la résistance intérieure. Les années qui suivirent apportèrent des ennuis médicaux à cette force de la nature. Énorme travailleur, dormant très peu, vivant très bien et même avec excès, il vit son corps s'user et l'abandonner. Il ne pouvait imaginer une existence au ralenti. Il s'éteignit quelques mois après avoir cédé son poste à un certain Pascal Couchepin.*

Avoir connu Jean-Pascal Delamuraz, c'est avoir vu à l'œuvre et vu vivre une très forte personnalité, trop romande sans doute pour séduire les Alémaniques. Il commit des erreurs mais, politicien-né, il avait une envergure d'homme d'État, dans la grande tradition radicale vaudoise. Personnellement, comme beaucoup d'autres politiciens, lorsque j'évoque mon parcours, je déclare inévitablement à un moment donné : « j'ai connu Jean-Pascal Delamuraz ». Et, comme les autres, j'en tire une fierté et j'en ressens comme une décharge d'énergie vitale.

Jürg Stüssi-Lauterburg

Dr. phil., directeur de bibliothèque

Aristoteles spricht von „zoon politikon" und es hat für dieses „animal politique" gewiss schon ebenso gute, aber unmöglich bessere Beispiele gegeben als Jean-Pascal Delamuraz. Am selben Tag, an dem der erfahrene und weltkundige Waadtländer sein Bureau im ersten Stock des Bundeshauses Ost bezog, begann zwei Stockwerke weiter oben ein Bibliothekar sein bescheidenes Wirken in Delamuraz' Departement. Von diesem Januar 1984 an bis zum Ausscheiden des von seiner Krankheit schon stark gezeichneten Magistraten aus dem Bundesrat im März 1998 habe ich ihn an den meisten Arbeitstagen gesehen, in aller Regel fröhlich, zuversichtlich, lebenslustig, zu praktisch jeder Tages- und Nachtzeit in den Lauben von Bern, im Bundeshaus, an auswärtigen Anlässen von den Gestaden des Léman bis zu den Ufern des Bodan. Jean-Pascal Delamuraz sagte die Wahrheit : Wenn er Unregierbarkeit sah, sprach er das Wort „Unregierbarkeit" aus, wo er Erpressung wahrnahm, ging ihm „Erpressung" auch über die Lippen. Das Leben war ihm zu kurz, um zu lügen, um bewusst zu sagen, woran man selbst nicht glaubt, nur weil es ein Mächtiger gern hört. Umgekehrt akzeptierte Delamuraz in klassischer liberaler Weise, dass das Gegenüber eigene Gedanken hatte, einen anderen Standpunkt vertrat. Delamuraz war von der Überzeugung durchdrungen, dass die totalitäre, die autoritäre Gesellschaft weiss, die offene Gesellschaft aber fragt *und dass dieses Fragen die Überlegenheit der Freiheit über den Despotismus immer wieder sichert. Dass ich den EWR ablehnte, freute ihn keineswegs, dass ich je auch nur ein ungerades Wort für diese klar von der innersten Überzeugung des Magistraten abweichende Haltung geerntet hätte, kann ich nicht bestätigen. Jean-Pascal Delamuraz liebte das Leben und wusste zu lachen. Unvergesslich wird mir bleiben, wie der Bundespräsident 1989 auf der Rütliwiese die äusserst freizügige Ankündigung eines Ballettmeisters, „que M. le Président de la Confédération puisse voir les dessous...", mit einem homerischen Gelächter quittierte, das eine Sache erledigte, welche beim einen oder anderen Deutschschweizer Bundesrat zu einer monatelangen Pressepolemik oder Schlimmerem geführt hätte. Raymond Burkis Karikatur der als allzu trinkfest kritisierten und umso glanzvoller wiedergewählten Bundesräte*

Felber und Delmuraz („Prenons encore un, c'est bon pour les élections ! " oder ähnlich) war liebevoll gemeint. Denn nicht einmal, dass unter der Freude am Genuss die solide Leistung für das Land gelitten hätte. Was allerdings unter dem ernsthaften und zugleich lustvollen Politisieren litt, war seine Gesundheit. Da er seine Kräfte nicht schonte, war der Vorrat früher zu Ende als bei anderen Menschen, nicht ohne dass die Seele der Expo 64 (einer unvergesslichen Jugenderinnerung) Jean-Pascal Delamuraz die Voraussetzungen geschaffen hätte, dass das Land nach den üblichen Irrungen und Wirrungen vier Jahre nach seinem Tod 2002 wieder eine Landesausstellung durchführen konnte. Wer glaubt, demokratische Politik sei langweilig, die Freiheit sei am Ende, die Schweiz habe keine Zukunft hat Jean-Pascal Delamuraz nicht gekannt, einen Mann an den ich immer mit hoher Achtung zurückdenken werde und mit Freude.

Traduction

Aristote parle de *zoon politikon*. Concernant cet « animal politique », il y a certainement eu des exemples aussi bons que Jean-Pascal Delamuraz. Mais il est impossible qu'il en ait eu de meilleurs. Le jour même où ce Vaudois expérimenté et ayant l'usage du monde a occupé son bureau au premier étage du Palais fédéral Est, un bibliothécaire a commencé sa modeste activité deux étages plus haut, dans le département de Delamuraz. Depuis ce mois de janvier 1984 et jusqu'au départ du Conseil fédéral, au mois de mars 1998, de ce magistrat déjà marqué par la maladie, je l'ai entraperçu la plupart des jours ouvrables, presque toujours joyeux, confiant, heureux de vivre, à pratiquement n'importe quelle heure du jour ou de la nuit, que ce soit sous les arcades de Berne, au Palais fédéral, ou lors d'événements extérieurs, depuis les bords du Léman jusqu'aux rives du Lac de Constance. Jean-Pascal Delamuraz disait la vérité : lorsqu'il voyait que le pays était « ingouvernable », il prononçait le mot « ingouvernable » ; là où il percevait du chantage, le mot « chantage » sortait de ses lèvres. Pour lui, la vie était trop courte pour mentir, pour dire consciemment une chose à laquelle il ne croyait pas, seulement parce qu'un « puissant » aurait aimé l'entendre. À l'inverse, Delamuraz acceptait, à la manière libérale classique, que l'adversaire eût ses propres idées, qu'il défendît un autre point de vue. Delamuraz était pénétré de la conviction que la société totalitaire, *la société autoritaire sait* alors que *la société ouverte pose des questions*, et que ce questionnement garantit à chaque fois la supériorité de la liberté sur le despotisme. Le fait que j'aie refusé l'EEE ne lui a fait aucunement plaisir, mais je ne peux pas me souvenir que j'aie récolté ne serait-ce qu'un mot de travers pour cette prise de position aussi éloignée de la plus intime conviction de ce magistrat. Jean-Pascal Delamuraz aimait la vie et savait rire. Je n'oublierai jamais de quelle façon le Président de la Confédération de 1989 reçut, sur la prairie du Grütli, avec un rire homérique, l'annonce extrêmement osée d'un maître de ballet, « que M. le Président de la Confédération puisse voir les dessous… », ce qui régla une affaire qui, avec l'un ou l'autre Conseiller fédéral alémanique, aurait conduit à une polémique dans la presse – elle aurait pu durer des mois –, ou même à quelque chose de pire. La caricature de Raymond Burki sur les deux Conseillers fédéraux Felber et Delamuraz critiqués pour leur penchant pour la boisson, mais réélus d'autant plus brillamment (« Prenons-en encore un, c'est bon pour les élections ! » ou quelque chose de similaire) partait d'un bon sentiment. Car, pas une seule fois le solide travail accompli au service du pays n'eut à souffrir de son esprit festif. Ce qui a sans doute souffert de sa façon à la fois sérieuse et joyeuse de faire de la politique, c'est sa santé. Faute d'économiser ses forces, ses réserves se sont épuisées plus vite que chez d'autres, non sans que l'âme de l'Expo 1964 n'ait créé chez Jean-Pascal Delamuraz les conditions permettant au pays, après quelques errements et confusions habituels, de mettre à nouveau sur pied une nouvelle Exposition nationale en 2002, quatre ans après sa mort.

Celui qui croit que la politique en démocratie est ennuyeuse, que la liberté est finie et que la Suisse n'a pas d'avenir, n'a pas connu Jean-Pascal Delamuraz, un homme dont je me souviendrai toujours avec un grand respect et avec plaisir aussi.

(Traduit par Charles Pfersich, Dr ès sc.)

Jean-Claude Badoux

Président de l'École polytechnique fédérale de Lausanne

« Monsieur Jean-Pascal Delamuraz, vous naissez et passez votre enfance dans un site splendide d'où l'on voit le Mont-Blanc, la France et l'Italie. Toute votre action est imprégnée de la grandeur et de l'ouverture de ce paysage qui suggère intimement qu'une frontière est faite pour être dépassée. Vous avez toujours été porteur d'une vision (...). Votre sens de l'État, de l'intérêt général bien au-delà d'intérêts particuliers, s'est traduit par un engagement et une action qui donnaient priorité à la formation, à la recherche scientifique, aux développements technologiques et à leur interaction avec l'économie, en bref au long terme et à l'avenir (...). Vous nous avez marqués par votre forte ouverture à l'Europe et au monde.

Cher Jean-Pascal, tu as été l'exemple même de l'homme politique profondément au service du pays, un grand serviteur de l'État, un serviteur de tous les Suisses. Tu as su mettre en valeur, mettre en mouvement les forces profondes de la Suisse. Tu t'es énormément donné et nous as énormément donné ».

Journée magistrale du 13 mai 1998, *laudatio* pour son titre de Docteur *honoris causa* de l'EPFL, extrait.

Gabriel Fragnière

Ancien Recteur du Collège d'Europe

Je suis très honoré et heureux de pouvoir témoigner ici de l'attachement que j'ai gardé pour un camarade d'études. Jean-Pascal Delamuraz est de ceux qui ont contribué de façon concrète au développement de ma responsabilité sociale et politique. De 1956 à 1959, j'ai été comme lui membre du bureau de l'AGE à l'Université de Lausanne. Nous vivions dès lors très proches, et avons partagé des moments d'expérience humaine absolument uniques.

Nous ne nous sommes revus qu'à de rares occasions – la dernière fois en novembre 1994. Mais nous savions à chaque fois où nous en étions respectivement de nos intérêts et de notre action, car nous poursuivions, dans des champs d'activité différents, cette construction d'une Europe nouvelle.

Agir pour la construction européenne ? Il y a de multiples façons de le faire. Cette action peut être variée et diverse ; qu'elle peut s'épanouir en créations merveilleuses et uniques, apporter la satisfaction et parfois la renommée, ou au contraire conduire à des échecs douloureux. Or je trouve un peu triste de voir que Jean-Pascal Delamuraz est parfois présenté comme celui qui a en partie échoué car il a peut-être voulu aller trop vite. Mais il suffit de regarder l'histoire de la construction européenne pour savoir que les échecs ne sont jamais définitifs, *et que l'évolution des sociétés et des mentalités politiques prend simplement du temps.*

J'ai écrit un mot d'encouragement à Jean-Pascal après le « dimanche noir » de décembre 1992 pour lui dire que je gardais confiance. Je ne peux m'empêcher de citer ici sa réponse : « Salut Gaby ! Ton sympathique message et tes encouragements m'ont fait chaud au cœur. Merci ! J'ai besoin de cet appui, le Conseil fédéral en a besoin pour remonter la pente, comme le vigneron de Ramuz remonte la terre de sa vigne. Mettons-nous donc au travail. À commencer par faire passer le message d'une Suisse responsable, confiante et dynamique ».

J'espère que la publication de cet ouvrage consacré à l'action européenne de Jean-Pascal Delamuraz contribuera à ce que les Suisses trouvent eux-mêmes la voie de leur destin.

Blaise Fontanellaz

Étudiant en science politique (UNIL)

Les jeunes et l'Europe ? Question sans réponse simple, il n'y a pas ou plus en Suisse de « Génération Europe », l'enthousiasme étant ici, comme dans l'Union, retombé.

Alors qu'en est-il ? Les jeunes semblent se partager en quatre catégories. Les indifférents à la question Suisse-Union européenne, les allergiques à l'adhésion, les pro-adhésion et les indécis ou « réfléchis ».

Ces derniers, sans être contre, se demandent si l'adhésion est souhaitable, nécessaire ou inévitable. Faire partie de l'Union, est-ce une chance, une opportunité ou un risque pour la Nation ? Une adhésion affaiblira-t-elle le sentiment d'unité nationale, parfois déjà diffus en Suisse romande, ou au contraire le renforcera-elle ? Qu'est-ce que l'Europe ? Une civilisation, un modèle institutionnel, ou un marché intérieur libéral ? Que peut apporter la Suisse à l'Union ? Quid du fédéralisme, de la démocratie directe, de la neutralité, du bien commun ?

Ces questions et enjeux doivent être débattus, réfléchis, réglés avant de pouvoir envisager une adhésion. La démocratie directe, le fédéralisme, la neutralité doivent ensuite être défendus. Pour le bien de tous.

De même et pour éviter l'éclatement, il faut sérieusement songer au renforcement des liens entre confédérés. *Ce qu'on appelait le patriotisme, tombé en disgrâce depuis la chute du mur de Berlin. En insistant sur les appartenances communale, cantonale et fédérale, le passage à l'échelon supérieur se ferait plus facilement pour le plus européen des pays. On ne peut avancer que si l'on sait d'où l'on vient ! Combien de jeunes ici, même à l'université, connaissent l'histoire de leur pays et de leur canton ? La priorité d'aujourd'hui est de combattre le déracinement. En Suisse, comme dans l'Union.*

Annexe

Manifeste du « Club helvétique » pour l'adhésion à l'Union européenne

Manifeste pour l'Europe

Tout le monde parle des bilatérales. Nous parlons adhésion. Le débat sur notre entrée dans l'Union européenne a pris un long retard.

Cela tient du paradoxe : plus les relations avec l'UE se resserrent, plus les Suisses prennent leurs distances. L'inimitié envers un ami crispe notre pays. Une Union forte est bonne pour la Suisse. Une Suisse qui s'implique renforce l'Union.

Notre État confédéral est trop grand pour résoudre nombre de problèmes mineurs, ce pourquoi nous avons le fédéralisme. Notre État confédéral est trop petit pour résoudre nombre de problèmes majeurs : ce pourquoi il nous faut l'intégration européenne.

L'intégration européenne

L'Union européenne assure la stabilité de notre continent. De toute son histoire, la Suisse n'a jamais eu de si bon voisinage.

Comme les 26 cantons, les 27 membres de l'UE tendent à l'équilibre des intérêts : l'UE fait route en direction d'une Confédération européenne assumant la diversité de ses cultures.

L'économie sociale de marché qui prévaut en Europe se soucie des plus faibles. L'intégration européenne est conçue sur le principe du respect mutuel des membres : les sagesses de l'UE sont celles de la Suisse.

L'intérêt de la Suisse

Le marché intérieur européen est un avantage majeur pour nos entreprises : il contribue à la prospérité suisse.

Tirant les leçons de la crise, ce sont désormais les grands États et les coalitions d'États qui régissent la globalisation : la Suisse ne pourra faire valoir ses intérêts que si elle rejoint la coalition européenne.

L'Union européenne est une communauté de droit. Elle restreint en son sein la loi du plus fort qui prévaut sur la scène mondiale : un tout petit État y a particulièrement avantage.

Toujours plus humiliante, la « reprise autonome » des décisions européennes se mue en « reprise automatique » : au lendemain de son adhésion, la Suisse sera plus libre et plus forte qu'aujourd'hui.

Dès notre entrée dans l'UE, nous serons aptes à faire ce que doivent faire les petits États : construire des coalitions pour défendre leurs intérêts – par exemple avec l'Autriche, la Suède, l'Irlande ou la Finlande, membres neutres ou hors alliance de l'Union.

Démocratie

Les forces du marché mondial ne cessent de créer des faits accomplis, faisant fi des parlements et des peuples. Ainsi s'érodent les démocraties nationales. La Suisse se doit de construire, avec ses partenaires, la démocratie européenne : seule une politique transnationale est en mesure d'encadrer une économie transnationale.

Les institutions suisses doivent être rénovées, de même que les institutions européennes. Une adhésion, bien préparée, permettra de combler le retard qu'ont pris les réformes suisses et d'influencer le processus de réformes de l'Union européenne.

Une adhésion planifiée peut raviver notre démocratie. De nouveaux instruments de démocratie directe compenseront largement d'éventuels renoncements : dès maintenant, il faut prévoir le référendum constructif, l'initiative législative, les euromotions, des votes sur l'application des directives générales de l'UE ou sur des prises de position fondamentales de la Suisse, et bien entendu la transparence du financement des partis et de leurs campagnes.

Façonner l'Europe

Le bilatéralisme arrive à son terme : aujourd'hui, la Suisse est de fait un membre de l'UE sans droit de vote. Lorsque surviennent des crises et conflits d'intérêts, notre État en marge se trouve pénalisé. Voyager sur le marchepied est indigne, et ce n'est pas une stratégie.

Entant que membre de l'UE, la Suisse aura de l'influence, prendra part aux décisions et façonnera l'Europe de concert avec ses partenaires.

Nous n'acceptons pas que :

– la Suisse, au cœur de l'Europe, reste en marge ;

– qu'elle ne participe pas au débat européen

– qu'elle se désintéresse de son propre continent ;

– qu'elle se désavantage au lieu de défendre ses intérêts à droit égal.

Esquiver tout débat sur l'adhésion à l'Union européenne, en faire un tabou, est contraire à l'esprit du dialogue et à la volonté de clarté. Cette attitude entrave la formation d'une opinion publique éclairée et réduit les capacités d'agir de la Suisse.

Beaucoup reconnaissent aujourd'hui que des alternatives au bilatéralisme existent et qu'une vraie détente à l'endroit de l'UE est indispensable. La Suisse doit agir à temps : l'expérience de la crise financière et les affres du secret bancaire montrent que les conditions-cadres changent vite.

Refouler la question européenne, c'est affaiblir notre démocratie, notre pays et notre identité. Nous voulons défendre nos intérêts et assumer nos responsabilités sur le continent qui est le nôtre.

Nous, Suissesses et Suisses, Européennes et Européens, voulons apporter notre contribution à la construction de l'Union européenne. Notre « nation de la volonté » a sa place dans la grande Union créée par la volonté des Européens.

Signataires du Club Helvétique :

Cécile Bühlmann, Josef Estermann, Hildegard Fässler, Andi Gross, Barbara Haering, Ueli Heiniger, Martin Heller, Irène Herrmann, Kurt Imhof, Georg Kreis, Joëlle Kuntz, Dick Marty, Aram Mattioli, Jörg Paul Müller, Giusep Nay, Regina Ogorek, Gilles Petitpierre, Jacques Piccard, Chasper Pult, Martin Schaffner, Walter Schmid, Hansjörg Siegenthaler, Hans Stöckli, Urs W. Studer, Roger de Weck, Myrtha Welti

Le Club Helvétique (CH) a pour but de cultiver et nourrir la pensée politique confédérale et de développer dans un sens démocratique et progressiste les institutions de la Confédération. Il s'oppose à toutes les tentatives de destruction des fondements libéraux et sociaux de notre « Willensnation » (nation par volonté). Il s'affirme pour une Suisse fondée sur une communauté solidaire. Il lutte pour la liberté : pour une société ouverte, qui tient à sa diversité, et pour un pays ouvert qui protège les persécutés. Le CH ressent l'héritage patriotique de 1848 comme le devoir de confirmer les idéaux d'une Suisse moderne, maintenant plus que jamais.

Sources : *Le Temps*, 31 juillet 2009

Table des matières

Remerciements 7

Avant-propos 11

Préface 13

Introduction 17

CHAPITRE **I. Confédération helvétique : un acquis particulier, mais pas unique** 19
- Spécificité suisse, un casier historique très chargé 19
- La grimace suisse vaut celle des autres 22
- Les fronts intérieurs ne se parlent plus guère 24
- Du bilatéralisme à l'intégration à froid 27
- Une diplomatie engourdie, ou bridée ? 30
- Le multilatéralisme aide à rattraper le temps perdu 33
- Patience – neutralité – démocratie – fédéralisme : stabilité 38
- Idéologie nationale dans l'inconscient collectif ? 44

CHAPITRE **II. Itinéraire et rencontres, ou de la force dégagée par le besoin de participer** 47
- Une fulgurante ascension 47
- Henri Rieben, son initiateur puis son collègue 51
- Le choix du parti, pour un cursus politique classique 54
- Aucune rencontre fatidique 59

De Rome : « Questions à Jean-Pascal » 63

CHAPITRE **III. L'action : d'un chemin exaltant à l'impasse sans blocage** 65
- Le verbe au service de l'action 65
- Sus à une fausse image de la Suisse 67
- Un premier document du genre : on lit entre les lignes 71
- Un échec au coût diplomatique élevé 76
- Tout nu dans un bal costumé 81
- Diversité et insécurité des opinions 83
- La « cordiale contradiction » du père et d'autres collègues 85
- Un « douloureux mystère » ? 89
- Accords bilatéraux : le cas suisse n'est pas prioritaire 92

CHAPITRE IV. **Évaluation et perspectives : une Suisse européenne en berne ?** 97
Lesquels ont vraiment fait l'Histoire ? 97
Des Conseillers fédéraux sans pouvoir personnel 100
Les pantoufles contre soi 103
JPD, machiavélien et calvinien ? 107
De la diplomatie des villes au fédéralisme 113
Crise sans prospective 114
Une Suisse politique isolée et mal aimée 116
JPD n'aurait pas renoncé 118
Ouverture d'une fenêtre d'opportunité ? 119

Témoignages personnels 125
Pascal Broulis 127
Daniel Brélaz 129
Jacques-Simon Eggly 131
Jürg Stüssi-Lauterburg 133
Jean-Claude Badoux 136
Gabriel Fragnière 137
Blaise Fontanellaz 138

Annexe 139

Mémoires de l'Europe en devenir

Mémoires de l'Europe en devenir est une collection consacrée à mettre en valeur la mémoire historique de la construction européenne afin de contribuer à une meilleure compréhension, par les citoyens de l'Europe nouvelle, des valeurs, des buts et des processus de leur devenir commun. Elle comprend quatre catégories d'ouvrages : des biographies, mémoires personnelles et portraits des « *Acteurs* » qui se sont engagés personnellement pour contribuer à l'histoire de la nouvelle Europe ; des analyses des « *Événements* » qui ont orienté l'avenir et changé le cours des choses ; des récits de la conception, du développement et des réalisations des « *Institutions et Associations* » qui ont participé à transformer les mentalités et à la prise de conscience d'une citoyenneté européenne ; et finalement des présentations et analyses des « *Thèmes* » qui ont marqué l'évolution originale de la société européenne pour la conduire sur des voies nouvelles. Cette collection, inspirée de l'histoire récente, se veut ouverte et diverse, originale et dynamique, à l'image même de l'Europe qu'elle veut contribuer à construire.